사진으로 보는 사이·너머,
60년의 대화

2025년은 한국 사회의 근대화에 정신적·문화적 밑거름을 제공해준
크리스챤아카데미(대화문화아카데미) 창립 60주년이 되는 해이다.
무지와 오만, 반목과 대립의 사이를 넘어 '대화'의 기틀을 다지며
인간화와 평화 공동체를 모색해온 아름다운 '대화 운동'의 전통이
새로운 세대에게도 이어지길 기대한다.

크리스찬아카데미에서 주관한 한국 최초의 '종교 간의 대화모임'.
1965년 10월 18일부터 이틀간 용당산호텔에서 열린
이 역사적인 모임에는 6대 주요 종단의 지도자와 학자들이 참가했다.

1965년 7월 8일부터 이틀간 워커힐호텔에서 열린 대화모임 '문학과 현실'에서 발제하고 있는 최인훈 소설가.
뒷줄에 발제자로 참가한 서정주 시인의 모습도 보인다.

종교 간의 대화모임에서 담소를 나누는 종교인들.
사진 중앙은 법정 스님, 그 오른쪽에 강원용 목사.
크리스챤아카데미의 '종교 간의 대화'는 종교 간의 배타적 벽을 허물어
종교의 사회적 책임의 공감대를 확대하고 연대 활동을 강화했다.

1970년 4월 9일부터 10일까지 아카데미하우스에서 열린 대화모임 '국가보안의 오늘과 내일'에 참석한 토론자들. 왼쪽부터 대통령 비서실장을 지냈던 이후락, 강원용 목사, 김수환 추기경, 이청담 총무원장.

1971년 4월 2일부터 5일까지 아카데미하우스에서 열린 대화모임 '양극화 문제-인간화를 위하여'. 각계 인사들이 대거 모인 이 대화모임에서 양극화 문제가 집중 논의되었으며, 이는 주요 언론에서 모두 다룰 정도로 한국 사회에 큰 반향을 불러일으켰다.

수유리 아카데미하우스에서 1974년 5월 3일부터 이틀간 열린 종교 간의 대화모임 '구원의 의미-오늘의 한국 사회와 종교'. 1965년부터 이어온 '종교 간의 대화'는 개발도상국으로서 시민 사회의 역할이 충분하지 못했던 시절, 사회적 갈등을 치유하는 파수꾼이 되어주었다.

1974년 7월 17일부터 4박 5일 일정으로 수원 '내일을 위한 집'에서 열린
'이화여자대학 학생 교육'에 참여한 강원용 목사와 양호민 교수가
학생들과 토론하고 있다.

1975년 6월, 크리스챤아카데미 창립 10주년 기념식.
중간집단교육 참가자들의 '인간화의 길' 마임 공연 모습.
관객 맨 앞줄에 독일 아카데미 운동을 이끌었던 뮐러 박사.
그는 대화 운동을 통해 전후 폐허가 된 독일의 부흥에 기초를 놓았으며,
한국과 일본의 아카데미 운동에도 적극적인 지원을 아끼지 않았다.

1977년 세밑에 열린 크리스챤아카데미 송년 모임.
법정 스님과 김몽은 신부의 모습이 보인다. 1960년대 종교 간의 대화와 근대화를 화두로 삼았던 대화 운동은 1970년대에 접어들면서 '인간화'를 주제로 내걸고, 민주화와 중간 집단 육성에 집중했다.

1978년 4월, 동일방직에서 부당 해고를 당한 노동자들의 농성장을 찾은 강원용 목사와 김수환 추기경. 대화 운동을 통해 소통하고 협력했던 두 종교인은 굴곡의 현대사에서 공존의 공동체를 위해 어둠을 밝혀 더 나은 길을 모색하는 데 일생을 바친, 한국 사회의 등불과도 같은 존재였다.

1980년 3월 7일부터 이틀간 아카데미하우스에서 열린 대화모임
'80년대를 향한 한국 여성운동'에 참가한 여성계 인사들.

1981년 9월 25일부터 이틀간 아카데미하우스에서 열린 대화모임 '한국 TV-현황과 바람직한 방향'에서 강연하는 강원용 목사.

1988년 5월 22일부터 이틀간 아카데미하우스에서 열린 대화모임
'88년 후반기 한국 정치의 중요 과제'. 왼쪽으로부터 김종필, 김영삼,
김대중, 강원용 목사. 이 모임에서 양호민, 안병영, 이형 등이
의회 민주주의와 지역 갈등 등을 주제로 발제를 맡았다.

1988년 8월 21일부터 9월 8일까지 21일간 크리스챤아카데미 주관으로 아카데미하우스와 서울 힐튼호텔에서 올림픽 공식 행사로 열린 '서울올림픽 국제 학술대회'의 분과 참가자들 기념사진. 세계 각국에서 270명의 학자가 참가해 150여 편의 논문이 발표된 이 행사는 '후기 산업시대의 세계 공동체'를 주제로 5개 분과로 나뉘어 진행되었다.

1992년 9월 17일부터 이틀간 아카데미하우스에서 열린 대화모임 '나라를 위한 원로들의 모임'. 남덕우 전 총리, 박세경 변호사, 한신 전 내무부 장관, 최태섭 한국유리 회장, 양호민 교수, 박용구 전 문화방송문화진흥회 이사장, 조향록 목사, 이병주 소설가, 이태영 박사, 박형규 목사, 조아라 전 광주 YMCA 회장, 이강훈 전 광복회 회장 등이 참석한 이 대화모임은 「위기와 기회의 기로에서 국민에게 드리는 글」을 선언문으로 채택, 언론에 발표했다.

1994년 2월 4일부터 이틀간 아카데미하우스에서 열린
대화모임 '변화의 새 물결과 민(民)의 대응'.
마이크를 든 이가 발제를 맡은 김지하 시인.

1994년 10월 18일 아카데미하우스에서 열린 대화모임 '정보화 시대를 향한 대중음악 정책'. 이 시기의 대화 운동은 '생명 존중을 위한 공동체 문화 형성'의 가치를 내걸고, 교육과 문화, 환경 문제와 지역 문제를 본격적으로 다루기 시작한다.

1995년 아카데미하우스에서 열린 종교 간의 대화모임에 참가한 틱낫한 스님. 뒷줄 한복을 입은 이는 감신대 학장을 지낸 변선환 박사. 세계적인 평화 지도자로 알려진 틱낫한 스님은 강원용 목사와의 인연으로 2003년과 2013년에도 한국을 방문해, 평화와 화해의 메시지를 전한 바 있다.

1991년 국빈 방문 중 개인 일정으로 아카데미하우스를 예방한
독일의 바이세커 대통령과 강원용 목사. 1968년 세계교회협의회WCC
웁살라 총회에서 처음 만나 인연을 맺은 두 사람의 협력과 우정은
평생 이어졌고 바이제커 대통령은 한국의 민주화에도 크게 기여했다.

사회적 대화의 실제, 타궁 Tagung

사이.너머⌒
총서
7

사회적 대화의 실제, 타궁 Tagung

강원용 · 에버하르트 뮐러
베르너 짐펜도르퍼
박승관 · 김홍우 · 박명림

재단법인 여해와 함께

개정판 서문

파국의 위기를 돌파할 새로운 대화 운동의 필요성을 절감하며

2025년은 인간화를 위한 대화 운동을 이어온 크리스챤아카데미(현 재단법인 여해와함께)가 창립 60주년을 맞이한 해입니다. 주지하다시피 크리스챤아카데미의 첫 현장은 1965년 6대 종단 지도자들이 모인 종교 간의 대화였습니다. 이 모임은 1919년 3·1운동 후 처음으로 평화를 지향하는 종교인들이 한자리에 모인 역사적 모임이었습니다.

종교 간의 대화를 시작으로 대화 운동은 한반도 평화, 민주화, 인간화, 양극화 해소, 녹색화, 중간 집단 형성 등을 주제로 대화모임(수유리 아카데미하우스)과 교육적 대화(수원 내일을 위한 집)를 이어갔습니다. 돌이켜보면 대화 운동은 인간화와 평화를 지향하며 대화 민주주의의 실현을 목표로 시민 사회를 지키는 민주적 토대를 형성하는 데 시대적 소임을 다하려 한 것 같습니다.

그럼에도 오늘의 한국 사회는 극심한 사회분열 속에 평화, 민주주의로 가는 지성과 대화의 실종으로 앞이 보이지 않는 형국입니다. 우리의 노력과 기량의 모자람을 자성하게 됩니다.

그런 의미에서 35년 전에 발간된 『대화 공동체』의 개정판을 크리스챤아카데미 60주년을 기념하는 이 시점에 발행하는 것은 시사하는 바가 크다 할 것입니다. 원래 이 책은 초판 서문에 여해 강원용 목사님이 밝혔듯이, 1990년 크리스챤아카데미 25주년을 기념해 '대화 운동'의 의미를 되돌아보고 그 가치를 공유함으로써, '대화 운동'의 필요성과 당위성을 미래지향적으로 확인하고자 출간된 책입니다.

1부는 강원용 목사님이 직접 쓴 「대화의 철학」과 크리스챤아카데미의 '대화 운동'의 약사 및 의의와 그 방향에 대해 다룬 글을, 2부는 크리스챤아카데미와 파트너십을 가져온 독일 아카데미 운동의 창시자인 에버하르트 뮐러 박사의 「대화의 예술: 대화의 방법과 실제」와 아카데미 창립 20주년에 발간한 『인간화의 길』에 게재한 베르너 짐펜도르퍼의 「성공적인 대화모임을 위한 실무 지침」을 지금 이 시점에 다시금 내놓는 데에는 앞서 말했듯이 대화의 중요성이 어느 때보다 절실해지고 있기 때문입니다.

크리스챤아카데미 대화모임Tagung은 주제와 내용 못지않게 대화의 포맷과 운영 과정에 비중을 두고 있습니다. 타궁Tagung은 주로 독일에서 행해지는 대화모임 형태로 모임 참가자들이 숙식을 함께 하며 긴 시간에 걸쳐 수평적 대화를 나누는 모임을 뜻합니다. 이는 대화적 방법으로 진리를 찾아가던 소크라테스적 대화 전통에 뿌리를 두고 있습니다. 이해관계와 관심interesse을 달리하는 사람들이 마음을 열고 소통하는 긴 대화 과정을 거치며 상호 이해에 도달하게 됩니다. 합의 형성을 목표로 주최 측이 대화에 영향력을 행사함이 없이, 참가자들의 격의 없고 자유로운 대화는 상호이해의 단계를 넘어 공동의 과제와 상호 협력 방안을 모색하는 데까지 나아가는 성과를 거두게 됩니다. 때로는 예상치 못한 실행에 이르는 경이로운 대화의 사건이 일어나기도 합니다. 바른 소통이 바른 관계에 이르는 길임을 보여주는 대화 과정이 바로 타궁Tagung입니다.

이 책의 「대화의 철학」에서 강원용 목사님은 말이 가지는 능력에 대해 이렇게 쓰셨습니다. "말이 사랑의 표현이기 때문이다. 사랑의 언어는 대화요, 대화는 서로의 이해를 깊게 하여 하나를 만드는 힘을 가진다." 이 말은 대화가 단절될 때 우리는 영원히 분열되고, 그래서 다툼과 반목만이 존재하는 생지옥을 살아가는 내내 경험하게 된다는 말이기도 합니다.

이런 이유로 개정판을 준비하며 3부를 '대화 운동' 복원의 필요성과 시급성을 요구하는 세 분 석학의 글로 꾸몄습니다. 「한국 사회에서의 '민주적 대화'의 실종과 복원의 과제」를 다뤄준 언론학자 박승관 교수는 특히 우리 사회의 언론의 역할과 책무에 대해 성찰하고 있으며, 「정치는 소통이다」를 쓴 학술원 회원인 김홍우 교수는 말(언어)이 가지는 소유 지향성과 소통 지향성의 특징에서 오늘 정치적 언어에 대한 자기반성을 환기하고 있습니다. 또 박명림 교수는 「대화와 대화민주주의」에서 대화만이 개인의 삶과 우리 사회의 수많은 문제를 해결할 수 있는 가장 현실적이면서도 거의 유일한 수단임을 강조하고 있습니다. 세 분 선생님께 특별한 감사의 인사를 전합니다.

소통이 단절되어 멸망한 바벨 도시처럼 흡사 아수라장으로 변해가는 것 같은 오늘의 세계에서, 35년 전 책의 초판에 쓰신 강원용 목사님의 글을 그대로 인용하면서 개정판 서문을 남겨둘까 합니다.

"우리는 지금 대화의 필요성을 절감하고 있다."

감사합니다.

2025년 12월 1일

강대인

배곳 바람과 물, 엔담

초판 서문

『대화 공동체』를 발간하며

이 작은 책자를 크리스챤아카데미 25주년 기념으로 발간하는 데에는 몇 가지 의미가 있다.

첫째는 크리스챤아카데미의 대화 운동에 관심을 가진 분들이 대화 운동의 정신과 실제 방법에 대해 쉽게 알 수 있는 책자를 요청함에도 불구하고, 그동안 우리가 펴낸 책들이 『아카데미 총서』(10권)라든가 『민주 문화 대전집』(12권) 등 방대한 규모여서 그것을 모두 읽어보시기를 권유하기 어려운 점이 있었다. 그런데 이번 발간하는 이 책자가 어느 정도는 간략하게 그분들의 요청에 부응하리라고 생각된다.

둘째는 이 책자의 발간이 대화 운동에 보탬이 되리라는 점이다. 급격한 변화 과정 속에서의 한국 사회는 단순한 흑백논리로써 대응하기에는 불가능할 만큼 다양화되었고, 또한 개인이나 집단이 자기 주장의 정당성을 고집하는 것만으로는 해결할 수 없는 문제점들을 양산해내고 있다. 따라서 상대방의 입장을 이해하고 아울러 자기의 입장을 이해시키는 가운데 공동체적 목적을 성취하려는 노력이 절실히 필요하고, 그 성취 방법으로서의 대화 기술을 터득하지 않으면 한국 사회의 발전과 민주화는 기대하기 어렵다고 해도 과언이 아니다.

이 책자의 구성 중에 특별히 주목할 것은 제1부에 있는 「민주 문화 공동체 형성을 지향하며」라는 선언문과 제2부의 「대화의 예술」이다. 그 선언문은 지난 20주년 기념식에 발표된 것으로서 아카데미 운동의 과거 · 현재 · 미래를 집약해놓았기에 이 책자에 수록하게 된 것이다.

제2부 「대화의 예술」은 에버하르트 뮐러 박사의 저서를 번역한 것인데, 비교적 짧은 글임에도 불구하고 뮐러 박사의 대단히 명성 높은 대표작이다. 이 글은 대화의 실제적인 기술과 방법에 대해서 알기 쉽게 씌어졌고, 아카데미 관계자는 물론 일반인에게도 매우 유익한 보탬이 될 것이다.

우리는 지금 대화의 필요성을 절감하고 있다. 계층과 계층, 세대와 세대, 분야와 분야, 그 서로 간의 대화 단절 또는 대화 부족 때문에 점점 불행한 사태에 빠져들면서도 대화의 실제적인 방법이나 기술에 대해서는 거의 아무런 지식이 없는 우리의 실상을 생각해볼 때, 우리가 25주년 기념으로 발간하는 이 책의 역할이 크리라는 것을 새삼 느끼게 된다.

1990년 5월 7일

재단법인 크리스챤아카데미

원장 강원용

차례

1부

대화의 철학*

강원용**

형형색색의 이데올로기 간의 무가치한 투쟁에 의해 치명적인 위기에 직면해 있는 우리의 이 분열된 현대 세계에서 우리는 대화의 형식을 창조해내지 않으면 안 된다. 그리고 그것은 에큐메니컬운동이 막다른 골목에 이른다든지 산산조각이 나는 것을 미연에 방지하는 섭리의 도구로서 봉사해야 할 것이다. 공동체로 창조된 우

---

* 이 글은 강원용 목사의 『제3지대의 증언』(문맥, 1978)에 실린 글을 재수록한 것이다.

** 강원용 목사(1917~2006)는 한국이 낳은 세계적인 종교 지도자이자 평화를 지향하는 사회운동의 선구자이다. 김재준 목사와 함께 경동교회를 설립했고 아시아의 진보 교단을 대표하는 한국기독교장로회 창립에 기여했고 1965년 '크리스찬아카데미'를 설립, 30년간 대화모임과 중간집단교육을 주도하고 이끌었다. 말년에는 '평화포럼'을 통해 한반도 위기의 평화적 해결을 위해 온 힘을 쏟았다. 모란장, 동백장, 청룡장, 니와노평화상, 만해평화상, 국민훈장 무궁화장을 수상했다.

리들의 인간적인 상호 관계의 영(靈)은 언어에 의해서 표현된다. 인간이란 '생명의 언어를 가진 존재'이며, '대화를 나눌 수 있는 살아 있는 실체(實體)'인 것이다. 서로 간의 이야기가 없이는 인간 상호는 물론 하나님과의 관계에 있어서도 공동체가 이루어질 수는 없다. 서로 대화함으로써만 우리 자신을 표현하고, 서술하고, 타인에게 알리고, 또 자아 인식에 도달할 수 있다.

—알베르트 C. 아우틀러Albert C. Outler의 『논쟁에서 대화로*Vom Streitgespräch zum Dialog*』에서

성서를 보면 말이라는 것은 매우 신비스런 힘을 가지고 있다. 「요한복음」에도 태초에 말씀이 있었다고 하고 그 말씀으로 만물이 창조되었다고 했다. 하나님의 창조는 말씀과 함께 시작되었다. 빛이 있으라 말씀함으로 빛이 생겼다. 카오스에서 질서, 암흑에서 빛이 말씀에 의해 창조되었다. 이 창조는 끝난 것이 아니고 계속된다. 이 계속적인 창조를 위해 인간을 창조하여 인간에게 위탁한다. 사람만이 말하는 존재로 창조되었기 때문이다.

말하는 존재로서의 사람은 홀로 독백하는 존재가 아니고 대화하는 존재다. 하나님과 인간, 아담과 하와 사이의 대화를 통해 말은 창조의 기능을 다했다. 그러나 말은 창조적 기능을 하지만 동시에 그것은 무서운 파괴의 가능성을 가지고 있다. 전쟁에서 군 사령관의 명령 한마디는 큰 도시를 한순간에 잿더미

로 만들 수 있다. 성서에서는, 인간의 타락은 사실은 왜곡시킨 거짓말, 즉 과장된 언어에서 시작되었다.

말이 창조의 능력을 가진 것도 말이 사랑의 표현이기 때문이다. 사랑의 언어는 대화요, 대화는 서로의 이해를 깊게 하여 하나를 만드는 힘을 가진다. 그러나 사랑이 단절될 때 대화가 단절되고 대화가 단절되면 일방적인 선입견과 편견을 조장하여 언어가 사랑의 속삼임에서 헐뜯는 힘으로 나타난다. 그때 파괴력이 나타난다.

인간의 사회를 지배하는 언어가 그 사회의 건강을 진단하는 척도가 된다. 언어를 화폐에 비하면 언어는 보증수표와 같이 믿을 수 있어야 한다. 그러나 그 나라의 경제가 병들 때 인플레로 나타나듯이 말이 과장될 때 그 사회는 인플레 증상이 드러난다. 그리고 그 언어가 상대방을 속이기 위한 거짓말로 나타날 때 그것은 위조지폐와 같아서 이미 인격의 파산 상태가 드러난다. 독재국가는 위정자가 독배하는 체제이고 민주주의는 대화에 의해 유지되는 체제이기에 민주주의가 훨씬 더 든든하다. 그러나 민주주의 사회는 말이 위조지폐화할 때 타락하고 그 내부가 와해되는 현상이 드러난다.

국가의 주권자인 국민은 입후보자의 공약에 의하여 투표한다. 그러나 그 입후보자의 공약(公約)이 공약(空約)이 될 때 민주주의는 이미 존립의 토대가 무너진다. 집권자가 국민 앞에 하는 말이 보증수표 아닌 위조지폐 같은 거짓말로 채워질 때 이미 정상적인 통치 수단은 무너지고 만다. 이것은 정치에만 한하는 것이 아니라 기업 · 교육 · 문화 · 종교 각 분야에 걸쳐 진실이고 부모와 자녀, 부부, 친우의 관계에서도 마찬가지다.

해방 후 우리나라가 민주제도를 채택했으나 그것이 정상적인 궤도에 오르지 못한 원인은 바로 여기에 있다. 기독교에서 말하는 사랑 · 화해의 성취는 곧 언어의 정상화, 진실한 대화를 통해 그 사회 안에서 구현될 수 있다.

이런 원리에서 우리 사회를 진단할 때 우리 사회의 병을 치유하고 건강한 사회를 만드는 기초 작업은 대화의 운동에서 시작되어야 하겠다고 생각한다. 그리스도교로서의 진리의 증언, 사회참여, 봉사의 모든 과제는 우선 교회 안의 각 종파 사이의 대화, 교직자와 평신도 간의 대화에서 시작되고 증언 · 봉사 · 참여의 대상인 타 종교 · 불신자와의 대화에서 시작되지 않으면 안 된다고 생각한다.

이런 시점에서 볼 때 우리 사회는 위대한 저력을 가지고 있음에도 불구하고 모든 분야에서 대화의 단절이 너무도 깊게 뿌리박고 있다. 그러나 대화의 철학은 반드시 기독교의 산물이거나 서구에서 도입된 사상만은 아니다. 우리 동양인의 언어 가운데 '신(信)'이란 글자의 믿는다는 뜻은 곧 사람의 말을 믿는다는 뜻으로 되어 있다. 우리나라 역사에서도 '화백'(和白, 신라 초기 六村의 사람이 모여 나라의 일을 논의하던 회의) 같은 것은 정치에서의 대화의 역사를 의미한다. 그러나 지배 계급의 타락은 곧 지배 계급과 피지배 계급 간의 대화의 단절에서 시작된다. 그리하여 거짓말에 의해 통치되는 사회에서는 피지배자의 올바른 말은 억압의 대상이 된다. 여기서 피지배자가 살아남는 방법으로 아첨이라든가 거짓말이라든가 침묵이 유행하게 된다. 침묵이 마치 도덕화의 척도처럼 되는 것이다.

특히 가족 안에서마저 여성의 미덕을 침묵으로 강요한다. 이것은 남녀 간만이 아니라 모든 피지배자에게 강요된 미덕이었다. 그래서 '웅변은 은이고 침묵은 금'이라는 관념이 지배적인 풍조가 되었다. 그리고 해방 후에 가장 널리 유행된 〈노란 셔츠의 사나이〉라는 노래도 아마 우리의 침묵하는 사회의 한 단면을 나타낸 것이 아닌가 생각된다.

이런 자각에서 우리 아카데미는 독일의 아카데미 운동이나 외국의 대화 운동을 소개하여 알기도 전에 독자적인 소규모 대화 운동을 1959년부터 시작했다.

처음에는 교회의 신학자와 사회과학자 간의 대화부터 시작했다. 이런 작은 그룹의 대화 운동은 차츰 폭이 넓어지기 시작해서 1962년에는 온양에서 '새로운 형태의 봉사와 참여'라는 주제로 사회 각계각층을 대표하는 지도자들이 모여 4일간의 대화로까지 발전했었다. 독일의 대화 운동과 서로 알게 되고 관계를 가진 것은 그 후의 일이다. 초창기 대화 운동의 시도에 대해 국내외의 일반적인 반응은 매우 비관적이었다. 그 이유는 우리 사회는 서구와는 달리 여러 종류의 종교가 있고, 이런 전통을 전혀 달리하는 종교 간의 대화는 같은 기독교 안 다른 파 간의 대화도 잘 안 되는 서구의 경험을 볼 때 매우 비관적이라는 것이다. 그뿐 아니라 정치적으로 군사혁명 이후 군인들의 통치 기구하에서 위정자와 국민, 여야 정당 간의 대화는 매우 어려운 일이며 더욱이 군사력으로 대치하고 있는 양단 국가에서 서로 다른 이데올로기 간의 대화란 거의 불가능하다는 것이었다. 기업 안에서 노사 간에 대화하는 것도 아직 상전과 머슴의 의식이 뿌리 깊은 사회에서 어떻게 할 수 있겠느냐는 것이다. 문화적으로 보아도 인간관계가 횡적이 아닌 종적 관계 위에 세워진 유교 전통 사회에서 대화를 기대할 수는 없다는 것이다.

그러나 우리는 이것이 어렵기 때문에 더 필요하다는 역설을 주장한다. 매우 어려운 것은 이미 각오한 바이지만 한국 역사에서 처음 시도한 6대 종교 간의 대화, 여야 정치 지도자 간의 대화들은 예상 외의 훌륭한 성과를 거두었다. 그동안 꾸준히 계속해온 우리의 대화 운동이 만족할 만한 성과를 거두지 못한 것은 사실이나 맨 처음에 일반이 판단한 것과 같이 비관적인 것은 아니었다. 특히 앞으로의 전망은 이 대화 운동의 필요성을 더욱 절감하게 하고 있다. 그리고 반드시 희망이 없는 것도 아니다.

이미 남북 간의 대화도 시작되었고, 각 종교 간 및 교파 간의 대화, 노사 간의 대화, 여야 간의 대화, 세대 간의 대화 등 어느 분야를 보아도 우리는 그렇게 믿고 있다. 그러기에 앞으로 모든 난관을 각오하고 이 대화의 운동을 꾸준히 밀고 나갈 결심이다.

대화의 약사

크리스챤아카데미

아카데미 운동의 이념

아카데미 운동은 대화에서부터 시작된다. 대화를 통해서 닫혀진 마음의 문을 열고 얽힌 모든 문제의 실마리를 찾는 노력의 참모습이 대화에 담겨 있다. 대화란 우선 상호 인간적인 관계를 가지면서 비록 견해를 달리하고 있다 하더라도 대화를 통해 공동의 언어Common Language를 찾게 되는 것이다.

흔히 '대화의 모임'으로 더 잘 알려진 아카데미 운동은 그때그때 사회 각계각층에서 쟁점이 되었던 이슈를 내걸고 그 분야의 인사들을 초청, 대화를 나눔으로써 분열과 대립의 원인을 찾아왔다. 이 '대화의 모임'은 아주 작은 모임에서부터 시작되었다. 미국에서 신학을 공부하던 강원용 원장은 한국의 교회가 한국 사회를 위해 할 일은 전도보다는 사회를 위한 일에 공헌하는 것이라는 꿈을 키웠다. 그래서 1957년부터 만든 작은 모임이 '한국기독교사회문제연구회'이다. 15명의 인원으로 출발한 초창기에는 회비 1백 원을 가지고 와서 70원짜리 국밥을 먹으면서 광범위한 사회문제를 가지고 대화를 나눴다. 이것은 독일의 아카데미 운동이나 외국의 대화 운동이 국내에 소개되기도 전에 작지만 독자적으로 시작된 모임이었다.

지금까지 이어져온 대화의 맥은 근대화, 인간화, 양극화, 정치화와 민주화, 중간 집단 육성, 민주 문화 공동체 형성 등이었다. 주로 수유리에 있는 아카데미하우스가 대화의 장소로 이용되었고 1년에 20여 회에 걸쳐 대화모임이 행해졌다. 대화의 내용은 매스컴을 통해 사회 전체에 소개되는가 하면 때로는 정책에 반영되기도 했다.

이런 대화를 통해 사회 여론을 환기시키고 참석자들에게 대화의 참뜻과 멋을 체험시킴으로써 많은 호응을 받아왔다.

물론 아카데미 운동이 대화모임만 있는 것은 아니다. 그 속에는 교회 사회, 학생 사회, 산업 사회, 여성 사회 등을 대상으로 한 장기적인 교육 프로그램도 있다. 또 각 연구위원회가 있어 분과별로 연구하고 있다. 이러한 연구 사업이나 사회교육도 결국은 대화의 모임과 상호 유기적인 관계를 갖는다. 그래서 각각의 조사와 연구를 통해 이끌어내어진 초점은 논쟁의 씨앗이 되어 갑론을박 끝에 어렵게 의견의 합일을 보게 된다.

대화의 초점은 언제나 한국 사회가 당면하고 또 해결해야 하는 하나의 현실에 관한 것이다. 그렇기 때문에 아카데미 운동의 흔적을 돌아보면 이 사회가 걸어온 아픔을 더듬어볼 수 있을 정도로 가깝게 사회 현실에 다가가 있었다. 아카데미가 우리 사회가 걸어온 형극의 길과 함께 있다는 것, 그것에 바로 아카데미 운동의 의의가 있는 것이다.

아카데미 운동은 기독교 정신에 입각해 있다. 그렇게 때문에 아카데미 운동이 기독교 교리를 전파하기 위한 신학 운동이 아니냐는 오해를 받기도 했다. 그러나 프로그램의 내용에 기독교에 관한 것이 따로 설정되어 있는 것뿐이지 아카데미 운동의 초점이 기독교 교리 전파에 있는 것이 아니다. 보다 구체적인 아카데미 운동의 목적은 크리스챤아카데미 헌장 제1조에 다음과 같이 명시되어 있다.

> 본 아카데미는 한국 사회의 건전한 발전을 위한 모든 문제를 조사 연구하며 대화를 통한 합리적인 해결에 이바지하기 위한 각종 협의회를 가지며 모든 분야에서 봉사할 일꾼들을 훈련함을 목적으로 한다.

위의 헌장에서 보듯이 그 목적에 기독교적인 용어는 들어 있지 않다. 그러나 그 사상적 뿌리는 기독교이다. 신학적 배경이 되고 있는 화육사상(化肉思想)에 관한 강원용 원장의 말을 되새겨볼 필요가 있다.

아카데미 운동이 이 땅에 처음 시작될 때 그 신학적 배경이 된 사상 가운데 하나는 화육사상(化肉思想)이었다. 신이 자신의 위치를 포기하고 인간이 되어 모든 사람과 자신을 동등화하고 화해한 그 정신을 본받자는 것이었다. 이는 '정복하는 자세'의 기독교 선교가 그리스도 자신과는 반대되는 교회를 형성하지 않았느냐는 반성에 기인했다.

이처럼 아카데미 운동은 신학적 배경을 갖고 있으나, 그동안 프로그램을 운영해오면서 특정 종교나 교리에 또는 집단에 얽매여 프로그램을 진행하지는 않았다. 아카데미 운동은 이러한 정신적인 바탕에서 출발했다. 그리하여 프로그램의 방향은 "보다 새로운 사회의 건설Renewal of Society, 다시 말하면 국가 건설Nation Building에 이바지하는 것과 교회의 개혁Renewal of Church"이다. 밖으로는 우리 사회의 문제점을 찾아내고 안으로는 교회의 개혁을 목표로 한 것이며 그 프로그램 진행의 구체적 방안이 바로 '대화모임'이다.

크리스챤아카데미는 밝은 미래를 위해서는 보다 확고한 정신적 토대가 있어야 함을 직시했다. 그것을 위해, 모든 이해와 의견을 달리하는 사람들의 잘못된 선입관과 편견이 더욱 분열을 격화시켜 나가지 못하도록 정신적인 구조부터 개혁해야 했기 때문에 운동을 시작한 것이다.

아카데미 운동의 전개

'한국기독교사회문제연구회'는 1960년에 들어가며 약간의 자금이 마련되어 한국인의 민주주의에 대한 이념을 연구할 수 있게 되었다. 또 한 달에 두 번씩 강사를 초청해서 얘기를 듣고 각자의 의견을 발표할 수 있는 기회를 가졌다. 그리고 1961년에는 아시아기독교협의회CCA와 연결이 되어 '한국에서 교회가 하고 있는 사회참여'에 관한 세미나를 개최했는데, 이때 40여 명의 참석자가 3박 4일간 진지한 대화를 나눴고 그 내용을 외국에 소개해서 한국 사회에서의 새로운 형태의 사회참여를 알렸다.

한편 이 시기에는 신학적 입장에서 보는 사회 · 정치 · 경제 · 문화 등의 문제에 관한 기본적인 것이었다. 주제에 따라 관계 인사를 초청했는데 주로 문제 제기는 신학자들이 하고 사회과학자들이 대답을 하는 형식을 취했다.

이러한 모임이 오늘의 아카데미 운동으로 성장할 수 있는 중요한 계기가 1962년 여름 스위스 호반 도시인 취리히에서 이루어졌다. 강원용 목사와 독일 아카데미 운동의 창시자인 에버하르트 뮐러 박사가 만난 것이다. 한국기독교사회문제연구회의 활동에 관한 얘기를 들은 뮐러 박사는 이 일을 적극적으로 후원해줄 것을 약속했다. 이때 강원용 목사는 한국에서의 아카데미 운영에 대한 뮐러 박사의 의견을 이렇게 술회했다.

> 나는 우리나라의 모든 사회적인 정황이 서독이나 유럽, 일본과는 많이 다르다는 것을 솔직하게 이야기하고, 다른 나라의 아카데미 운동을 그대로 우리나라에 이식해 올 수도 없고 또 새로운 형태의 선교 사업을 시작할 마음은 없다고 했다. 또 뮐러 박사는 자기들의 원조는 전혀 무조건이라는 것과 어디까지나 한국의 아카데미 운동은 한국의 실정에 맞는 한국의 프로그램이어야 하며 한국인 지도자에 의해 운영되어야 함을 강조했다.

서독에서의 아카데미 운동은 제2차 세계대전 후 일어나서 지금까지 독일 사회에 지대한 영향을 주고 있다. 전쟁 포로의 몸에서 석방되어 폐허가 된 조국에 돌아온 뮐러 박사는 절망적인 혼란 상태를 목도하는 슬픔에 시달렸다. 그는 조국 독일이 정치적 실패 이전에 정신적 바탕이 병들었다는 사실을 깨달았다. 그것은 무엇보다도 대화를 통한 협조의 정신이 박약했다는 사실이었다. 그래서 우선 대화의 광장을 마련하고 서로 대화를 하는 운동부터 일으켜야 한다는 결론에 도달했다. 그리고 이 운동의 이름을 옛날 희랍의 철학자들이 아테네 교외 아카데모스의 숲속에서 서로 대화를 해가며 진리를 탐구했던 그 정신을 현대의 정황 속에서 살려보려는 뜻에서 '아카데미 운동'이라 불렀다. 이렇게 시작된 이 운동은 그 뒤 20년이 되는 오늘날엔 독일의 중요 도시에 아카데미하우스를 세우고 매년 5만 명 이상 독일 사회 각 분야의 지도자들을 모아놓고 흉금을 터놓고 대화하도록 했다. 이것이 서독 부흥에 끼친 영향은 놀랄 만한 것이었다. 뮐러 박사의 원조 제의를 들은 강원용 목사는 이미 회원이 60명쯤 된 한국기독교사회문제연구회를 YMCA에 소집해서 의견을 타진했다. '무조건(無條件)'이라는 단서가 붙은 원조를 승낙하기로 한 것이었다.

대화모임, 그 현장

크리스챤아카데미 대화모임의 특징은 그룹의 생활 속에서 어떤 정점을 찾아 모은다는 것이다. 즉, 집단이나 그룹, 더 크게는 사회 전반에서 제기된 문제가 대화의 주제가 되는데 여기에는 반드시 찬과 반의 의견 대립이 있다. 이 경우 격렬한 논쟁이 붙기도 하며 상대의 의견을 분명히 읽을 수 있는 기회가 되기도 한다.

이러한 대화의 모임은 사회적 구조 속에서 그 그룹의 치료를 목적으로 한다. 그렇기 때문에 모임은 언제나 정치적인 성격을 갖는지 모른다. 그뿐만 아니라 그룹으로 하여금 전체 사회 안에서의 한 부분으로서 자기의 역할을 찾고, 상대 그룹의 이익을 이해하면서 자기 그룹의 이익을 추구하도록 한다. 때로는 이러한 대화 과정을 거치면서 의견의 폭이 더 넓어지는 경우도 있다. 그러나 상대를 그만큼 더 이해할 수 있기 때문에 언젠가는 다시 화해할 수 있는 가능성도 있는 것이다.

이와 같이 아카데미 운동은 '대화'라는 새로운 양식을 이 땅에 처음 소개했다. 숙식을 같이 하면서 진리를 찾던 희랍철학자들의 대화 양식을 빈 것이다. 그 속에는 견해가 '다름'은 곧 '배제'라는 악순환을 깨뜨리자는 의도가 담겨 있다. 그 이상의 실현을 위해서는 우리 사회 전체의 대화 풍토를 조성하고 그런 대화 양식을 체득하는 데서 시작될 것이다.

그런데 그 당시 혹자는 실제 운영되고 있는 대화의 양식이 많은 제약을 갖고 있음을 지적하고 있다. 그 예로 소광희 교수는 『한국 아카데미 총서』 전 10권을 평가하는 글[1]에서 두 가지를 지적하고 있다. 대화모임에 참석하는 발제자의 주제 발표문의 경우 테마당 200자 원고지 60~70매 정도의 분량으로 깊이 있는 의견을 내놓기는 불가능하다는 지적을 했다. 너무 광범위한 영역에 걸쳐 있을 수 있는 모든 문제를 다 다루다 보니 결국 개설적인 것이 되고 만 것은 아닌가라고 했다. 다른 하나는 '아카데미 학파'라 세칭되었던 대화 참가자들의 의식 상황에

1 「한국 지식인의 의식 상황」, 『서울평론』, 40쪽, 1975년 8월 7일, 제90호

대한 언급이다. 소광희 교수는 참가자들 대부분이 서구적 사고 방식으로 한국 민주주의를 실현하려 한다는 점을 지적했다. 덧붙여 서구적 개념 도입의 신중성과 문제 제기로 만족하지 말고 좀 더 깊이 있는 이론 전개가 이루어져 대화모임의 결론을 도출시켜야 한다는 것을 강조했다.

지금까지 한국 사회의 발전과 한국 교회의 갱신을 위해 지난 20여 년 동안 활동해온 아카데미 운동의 주요 프로그램들을 살펴보는 일이 뜻 있으리라 생각된다. 1962년부터 1968년까지는 '근대화Modernization'라는 주제로 근대화되는 과정에서 물량적이고 가시적인 발전이 과연 바람직한가에 대한 프로그램들을 진행하였다.

1969년부터 1970년까지는 '인간화와 양극화Humanization and Polarization'에 초점을 맞추고 빈과 부, 도시와 농촌, 구세대와 신세대 등으로 단절된 양극화 현상을 극복하자는 데 주력했다.

1971년부터 1973년까지는 '정치화와 민주화Politicization and Democratization'를 주제로 민주적 균형이 깨진 상의하달식의 정치 구조를 '정치화'로 보고 이를 지양하고 민주화를 실현하는 데 노력했다.

1974년에서 1979년까지는 '중간집단교육Education for Intermediary Groups'이라는 주제로 중간 집단 형성에 초점을 두었다. 한국 사회의 진정한 발전을 위해서는 양극 집단 사회에서 화해와 조정의 역할을 할 수 있는 집단을 양성하자는 데 목적이 있었다.

1980년대 중반으로 넘어오면서는 '민주 문화 공동체 형성 Formation of the Communities of Democratic Culture'이라는 프로그램을 진행했는데 공동체적 상호작용을 통하여 끊임없이 자기를 형성해가는 데 초점을 두었다. 창조적이며 생명력 넘치는 공동체적 상호작용을 통하여 현대사회의 문제를 이겨나가고자 한 것이다.

강원용 원장은 여러 곳에서 들려오는 목소리를 담아 「대화운동 20년과 새 방향」에서 '대화모임'을 더욱 확대, 심화시킬 것을 다짐하는 방안을 내놓았다. 여기서 우리는 '대화모임'이 어떤 방향으로 나갈지 짐작할 수 있다.

> 대화 방법에 있어 모든 것이 거대화되고 있는데 과거식대로의 대화모임으로서는 힘들고, 모든 문제를 연구 기능을 강화시켜 모든 전개되는 문제 가운데 나사가 빠진 것을 골라내어 그 나사를 꽂아 넣는 역할을 해야 합니다.

민주 문화 공동체 형성을 지향하며*

크리스찬아카데미

20년 전 오늘 교회의 갱신, 사회의 개혁을 목표로 삼으면서 발족한 크리스찬아카데미가 설정한 과제는 '대화'의 문화를 이 땅에 심는 것이었다. 신학적인 입장에서 이는 '화육의 신앙'과 '화해의 선교'를 바탕으로 하고 있다.

하나님의 사랑은 하나님을 배반한 인간들과의 화해를 성취하기 위하여 자기 자신을 화육함으로 모든 인간들과의 유대관계를 가지셨다. 화육의 신앙은 인간화의 실현이 목표가 되고 기독교의 영역에 제한받지 않고 모든 다른 종교, 비신자, 이데올로기, 계급의 차이를 넘어선다. 그리스도의 구원은 화해

---

* 이 글은 1985년 크리스찬아카데미 20주년에 발표된 선언문으로서 아카데미 운동의 과거, 현재, 미래를 담고 있다.

를 성취시킨 일이요 우리에게 맡긴 선교의 과제는 화해인 것이다(고후 5:18~20, 엡 2: 14~19). 사회를 위한 존재로서의 크리스챤아카데미는 이에 근거하여 상이한 입장들과 상치한 이해들이 갈등과 긴장, 극한적인 대립을 극복하고 함께 지향할 공동의 길을 찾아갈 수 있도록 대화를 생활화하는 데 기여코자 한 것이다. 이러한 취지에서 크리스챤아카데미는 대화모임, 조사 연구, 중간집단교육, 출판 등의 사업을 전개해왔던 것이다.

지난 20년간 크리스챤아카데미가 추진해온 여러 가지 활동들은 비록 그것들이 우리의 의욕에는 미치지 못했고 우리의 책임감에 상응하지는 못했지만 걷잡을 수 없는 변화의 와중에 처해 있는 한국 사회를 조망하는 하나의 시각을 형성하고, 이러한 시각에 입각하여 새로운 해결 방안을 실천하고자 노력해왔던 것은 숨김없는 사실이다. 이제 304회의 대화모임에 참여했던 각 분야의 전문가와 지도적 인사들 그리고 교육 모임에 참여했던 만여 명의 참가자들과 함께 크리스챤아카데미가 이룩하고자 했던 과업들의 결실을 개괄해봄으로써 앞으로의 방향을 가늠해보고자 한다.

크리스챤아카데미는 60년대 맹아기를 지나 70년대에 들어서면서 대화 운동의 방향을 더 분명히 밝혀주었다. 각 분야에 걸쳐 계속되어온 대화모임은 우리 사회의 기본 과제가 바로 '인간화'에 있다는 인식을 공유케 해주었고, 이에 따라 크리스찬아카데미는 그 운동의 초점을 인간화를 저해하는 요소를 규명하고 이를 극복할 수 있는 가능성을 탐색하는 데에 두었다. 이러한 탐색의 결과로 우리는 인간화의 실현에 있어서 가장 큰 장애가 한국 사회에 만연하고 있는 '양극화'의 현상임을 파악하고, 이를 근본적으로 해결할 수 있는 길이 '민주화'에 있다는 확신을 갖게 되었다. '민주화'란 정의와 자유가 함께 이루어지는 사회적 기저로서의 중간 집단을 육성하고 강화하는 것과 긴밀하게 연결되었다.

신학적 성찰과 사회과학적 이해를 연결하고, 나아가 우리가 당면한 문제를 해결해갈 수 있는 실천적 과제를 모색하는 가운데 얻어진 '인간화', '양극화의 해소', '민주화', '중간 집단의 육성 강화'라는 이러한 시각은 그 나름대로 하나의 체계를 형성했을뿐더러, 비록 사회의 전부분에 걸쳐 눈에 뜨이리만치 영향을 미치지는 못하였다 하더라도 단순히 이론적인 작업에서 멈추지 않고 실제적인 해결 방안을 사회 현장 속에서 벌여나가는 운동으로 전개할 수 있었다는 데에서 그 특징을 찾아볼 수 있다. 인간화의 실현과 양극화의 해소, 그리고 민주화를 위한 중간 집단의 육성 강화로 이어지는 일련의 행동적 이념은 특히 민간 기구들이 현장에 적용해볼 수 있는 하나의 모델을 제시했다고 생각된다.

크리스찬아카데미는 이처럼 사회 진단을 현장에 적용해보는 모델을 제시하는 데 머물지 않고 그 스스로 하나의 전위로

서 일하고자 노력하였다. 대화와 중간 집단 훈련을 통하여 '다양성 속의 일치', '민주적 합의'를 사회의 각 분야와 영역에서 이룩해내고자 애써온 것은 바로 크리스찬아카데미가 그 발족 당시부터 지향해온 '대화 정신의 생활화'를 바탕으로 하고 있었다. 교회와 사회, 이론과 실천, 기업주와 노동자가 긴장하는 가운데 공통된 목표를 함께 설정하여 서로의 차이를 발전의 계기로 승화시키고자 한 노력은 상당한 호응을 불러일으켰고, 따라서 우리는 많은 곤란과 시련에도 불구하고 나름대로 '대화 정신의 생활화'를 지속적으로 추구할 수 있었다.

그러나 70년대 후반, 특히 80년대로 접어들 무렵에 이르러 우리를 에워싼 상황은 상당한 굴곡과 변화를 일으키면서 우리로 하여금 심각한 도전에 직면케 하였다.

첫째로 행정력의 강화와 경제력의 확대, 이에 수반되는 제 기능들의 팽창으로 말미암아 우리 사회에서 민간 기구들이 자신의 주장과 과제의 초점을 선명히 하기가 힘들게 되었다. 언뜻 보기에는 한국 사회가 다변화, 다원화된 것 같으나 이는 실상 행정 주도에 의한 체제화 작용의 급격한 확대, 물량적 팽창에 따르는 부수 현상에 지나지 않았다. 따라서 민간 기구들은 그 관심과 운동을 분명한 사회적 증거로 고취시키기가 심히 어렵게 되었던 것이다. 크리스찬아카데미 역시 그러한 곤란을 겪은 민간 기구들 중 하나로 그동안 제한된 능력으로나마 전개해온 '대화'를 통한 사회적 토론의 효과적 수행은 상대적인 좌절에 직면하지 않을 수 없었다.

둘째로 그간 날카롭게 파인 갈등 구조로 인해 우리 사회가 이분법적인 대결 상황으로 떨어지게 됨에 따라 대화를 통하여 양극화의 현상을 극복하고 교회와 사회의 갱신에 이바지한다는 크리스챤아카데미의 입장은 깊은 시련을 겪지 않을 수 없었다. 나아가 대결 상황의 쌍방은 크리스챤아카데미의 입장과 활동을 오해와 의문의 시각으로 바라보게 되어 모든 활동, 특히 출판 · 노동 · 농촌 부문의 활동은 상당한 기간 몸을 가누기 힘들 정도의 타격을 입게 되었다.

크리스챤아카데미가 받은 도전은 '양극화 현상'이 점점 더 심화되면서 '다리를 놓는 역할'이 매우 어려워졌다는 점이다. 정치적 상황이 경직되면서 대결주의, 극한적 투쟁을 통해 문제를 해결하려는 편에서는 '화해', '대화', '중간 집단 강화' 등은 반동적 역할로 취급받게 되었고, 한편 기존 체제를 성역화하고 그것을 토대로 '국민 총화'를 유일의 해결책으로 아는 편에서는 우리의 입장을 초록 동색 격으로 취급하게 되어 설 자리를 찾기 힘들게 되었다. 이렇게 상황이 경직될수록 우리의 입장에 대한 확신을 더욱 강화하고 이런 양편에서의 협공을 극복하는 노력을 했었으나, 이런 상황을 슬기롭게 극복해나갈 힘이 부족했던 것을 자인하게 된다.

이제 크리스챤아카데미가 80년대 중반에서 20주년을 맞이하는 오늘 이러한 도전들로 인한 좌절을 딛고 한국 교회와 사회의 발전을 위한 자신의 존재 의의를 다시금 확인하고자 할 때 외쳐야 할 주장은 어떤 것이어야 할까? 급속히 밀려오는 물량화, 거대화, 체제화의 현상 속에서 크리스챤아카데미가 그 가능성 안에서 조준하고 접근해야 할 우의적 관심과 과제는 무엇인가?

우리는 우선 지난 20년간의 활동이 마련해준 인간화의 실현과 양극화의 해소를 위한 대화 정신의 생활화가 우리의 변함없는 기초임을 확신한다. 우리는 창립 10주년의 '지성인의 선언'에서 우리 사회는 기본적으로 인간화와 근사적(近似的)인 실현을 통해 첨예화된 양극화 현상과 만연한 권력화 현상을 극복해야 한다고 천명했었다. 이 선언에서 밝힌 이념적 차원에서의 자유와 평등의 동시적 구현, 문화적 차원에서의 시민 문화의 전개, 행정적 차원에서의 행정 민주화의 실현, 구조적 차원에서의 중간 집단의 육성 강화가 아직도 오늘날의 한국 상황에서 그래도 요청된다고 본다. 따라서 크리스챤아카데미가 하나의 민간 기구로서의 한계들을 감안하면서도 문제의 근본과 중심에 대면해야 한다고 할 때, 이 시점에서 담당해볼 가능성 있는 사업으로 민주 문화 공동체 형성을 제시코자 한다.

우리는 민주 문화 공동체를 형성하는 일이 해방 이후 오늘날까지 우리 사회가 거듭해온 좌절과 혼란을 해결할 수 있는 방안의 하나라고 확신한다. 민주 문화 공동체를 형성하기 위해서는 무엇보다도 먼저 해방 이후 그 혼란과 변화의 와중에서도 꾸준히 영역화가 이루어진 사회의 각 부문–교회 · 교육 · 언론 · 노동 · 법조 · 기업 · 금융–이 영역 자유를 획득하는 일이 우선되어야 한다.

다음으로는 이러한 분야와 영역들이 그 내부와 외부에 있어서 수직 · 수평적 상호 관계를 형성하는 공동체적 맥락이 자리잡도록 해야 한다. 열린 관계 속에서 자기 결정을 구사할 때 공동체적 망이 형성되고, 그 망은 사회적 전진을 기약한다. 다시 말해서 경직된 정치적 수직 관계만 마련되어 있는 사회는 구조적으로 취약하고, 수직 · 수평적 망이 전후좌우로 짜인 사회만이 국내적 · 국제적 유동성에 탄력성을 구사할 수 있고 새로운 위기에도 대처할 수 있다.

이러한 민주 문화 공동체를 형성하는 일은 관심별 자유와 함께 참여의 정신이 조직화될 때에 가능할 것이다. 참여는 개방과 자율이 허락되어 있다고 해서 가능한 것은 아니다. 참여는 구체적인 공동체 속에서 자기 결단을 내릴 수 있을 때 가능하다. 영역과 영역, 부문과 부문이 상호 공동체적 관계망을 가진다는 것은 자기 결단적 참여가 자기 공동체의 내실을 형성하는 일을 가능하게 할 때 이루어질 것이다. 그러므로 참여의 문제는 인간화의 요체요, 신앙적 자기 결단과 궤를 같이한다. 따라서 참여 정신의 표현인 공동체적 대표성이 민주적으로 이루어질 때 정의의 문제, 사회적 대안의 형성, 사회적 토론과 대화는 가능해진다. 그러므로 민주화 공동체는 대화 공동체이며,

양극화와 권력화를 극복한 정치 문화를 실현하는 길이다. 이러한 사회에서의 사회적 전진은 공동체적 상호작용에 따르는 근본적인 사회 변화여야 한다.

요약컨대 우리는 이 민주 문화 공동체의 형성이 우리가 오늘날 부딪치고 있는 문제들을 해결할 수 있는 새로운 실마리를 제시할 수 있으리라고 생각한다. 양자택일의 대결 상황으로부터 중지를 모아가는 대화 상황에서 문제를 풀기 위해서는 우선 국내적으로 정치적 갈등 구조에서 벗어나야 한다. 그리고 이러한 정신에서 지역감정의 해소와 지역 간의 균형된 발전을, 그리고 민주 문화 정착의 토대가 되는 지방 자치, 교육의 민주화와 다양성을 보장할 교육 자치에 있어서 민주 문화 공동체를 형성하는 일이 그 요체를 보여준다고 할 것이다.

이 민주 문화 공동체 형성은 또한 민주화와 함께 우리 민족의 최대 과제가 되는 통일의 성취에 있어서 그 이상과 방안, 양면에 새로운 조준을 가능하게 하리라고 생각한다. 우리 남북이 서로 자율적인 구조체로 긍정하고 개방의 정신으로 가능한 영역과 부문에 상호작용과 대화를 확대해가고 공동체적 연대를 강화해갈 때 결국은 통전된 민족 공동체로서의 단일성을 성취할 수 있으리라고 생각한다. 이 민족의 통일 문제에 대한 공동체적 이해는 도전해볼 만한 새 비전을 제시하리라고 생각한다. 남북한의 대치를 대좌로 변화시키고 우선은 남북한과 주변 강대국 간의 관계 재설정에 이를 수 있는 새 노정을 실험할 수 있으리라 생각한다.

이러한 과제를 안은 민주 문화 공동체의 형성을 위해 교회가 갖는 공동체적 가능성이 우리 사회에 넘쳐흐르도록 하는 일도 다른 어느 것에 못지 않은 중요성을 갖고 있거니와, 크리스찬아카데미 자체도 스스로가 모델이 될 수 있도록 노력해야 할 것이다. 이를 위해, 크리스찬아카데미는 앞으로도 그간 한국 사회를 분석하고 문제점을 극복하기 위한 기초로 삼았던 양극화의 해소와 인간화에로의 근사적 접근이라는 시각 아래 민주 문화를 형성하는 데 제기되는 여러 문제들을 분석해나갈 것이다. 또한 우리 사회에 민주 문화가 자리잡는 데 저해되는 전통적 상황적 요소를 규명하고, 아울러 이를 극복하는 방안을 발견하는 데 아카데미 활동의 구심점이 주어질 것이다. 이를 위하여 지난 20년간과 마찬가지로 아카데미는 각 부문과 영역에 있어서 한국 사회가 당면하고 있는 문제점들을 대화의 형식으로 정리하고 이에 대한 사회적 관심을 제고하는 노력을 계속해서 기울일 것이다. 또한 조사 연구 활동을 통하여 문제의 소재를 정확히 이해하고 제기된 문제를 해결하는 데 실현 가능한 대안을 마련하고 실천에 옮기는 데 노력하고자 한다.

오늘 20주년을 맞는 우리는 그러한 의지를 집약한 민주 문화 공동체의 형성을 위한 기본 방향을 보다 분명히 밝혀 뜻있는 여러 인사들의 충고와 협력을 얻고자 한다.

우리가 아카데미의 방향을 인간화를 이룩하기 위한 민주 문화 공동체의 형성으로 집약하고자 하는 이유는 다음과 같다.

첫째로 한국 사회의 각 분야와 영역, 집단과 계층이 민주적 절차, 민주적 가치, 민주적 행위를 생활화함이 없이는 민주화가 불가능하기 때문이다. 한국 사회의 각 분야와 영역이 민주적인 토양과 메커니즘 위에 민주적인 생활을 하나의 문화로 정착시킬 때 민주화의 조건은 이루어질 것이다. 그리하여 각 분야와 영역이 그 기저에서 민주 문화가 자리 잡히고 민주 문화적인 바탕과 관행이 그 체질로 다져지는 것을 민주주의 실현을 위한 기초로 보기 때문이다.

둘째로 서로 다른 분야와 영역들이 상호작용을 이루어가는 문화가 생활화될 때 민주화가 가능하다. 여와 야, 민과 군, 학생과 정부, 노동과 경영, 교회와 사회가 서로의 존재를 하나의 인격체적 상대로 긍정하고 민주적인 절차와 가치를 토대로 하여 관계를 맺어갈 때, 우리 사회는 어이없는 사회적 굴절과 악순환을 줄이고 서로의 영역을 존중하는 가운데 사회적 진보를 이룰 수 있다.

셋째로 지난 20년간 아카데미가 주창해온 바와 같은 대화 정신이 우리 사회에 배제할 수 없는 문화로 자리 잡혀야만 민주화가 가능하겠다는 판단이다. 해방 후 40년 동안, 우리 사회의 각 분야와 영역들이 많은 부정적인 요소를 가지고 있지만 이제는 서로가 서로를 대화의 상대로 받아들이는 사회적 아량이 있어야 하겠다. 사회의 각 집단과 부분들은 자기 폐쇄적인 경쟁과 적대의 논리에서가 아니라 대화를 통하여 서로 간의 갈등과 문제를 살펴보고, 이를 극복하며, 초월할 수 있는 사회적 성숙을 이루어나가야 할 것이다.

우리 사회가 안고 있는 구조적인 위기는 국내적·국제적 요인, 여야·노사의 관계, 남북 관계와 분단의 문제, 역사 해석과 계급 계층 이해의 차이 등으로 인하여 사태가 항상 심각해질 형편에 놓여 있지만, 하나의 위기를 극복하기 위하여 다른 하나의 더 큰 위기를 불러오는 위험을 감당하기에는 너무나 취약한 구조를 보여주고 있다. 1980년대 우리가 처한 단계는, 이해의 대립을 불식하는 데 있어서나 의견의 차이를 해소하는 데 있어서 대화를 그 수단과 동시에 정신으로 하는 민주 문화를 수립하지 않을 수 없다는 계제에 놓였다고 해야 할 것이다.

민주 문화가 뿌리내려야 한다는 이 기본적인 과제와 같은 맥락에서 우리가 추진하려고 하는 또 하나의 기본 과제는 공동체의 형성이다. 우리가 앞으로의 방향을 공동체 형성으로 잡는 첫 번째 이유는, 지금까지 한국 사회에는 근대화와 발전에 대한 환상이 너무 컸고 경제적인 영역을 중심으로 하는 근대화와 발전이 자연히 정치적인 민주화를 수반하리라는 안이한 기대가 팽배해 있었기 때문이다.

실제로 우리 사회는 산업화와 병행하여 매우 권위주의적인 정치 질서가 이루어졌으며, 정치 사회는 더욱 수직적으로 경직되어갔다. 우리 사회가 정치 사회적으로 이렇듯 수직적 경직 현상을 보이는 것은 사회의 각 분야와 영역에 수직·수평적 관계가 동시에 작용함으로써 공동체를 형성할 수 있게끔 조건이 성숙되지 못하였기 때문이다. 각 영역과 분야가 공동체적으로 서로 작용하게 하는, 즉 상호성이 용납되는 수평적인 망이 형성되지 못한 사회는 다원적인 사회로 될 수가 없다.

둘째로 아카데미가 공동체 형성을 앞으로의 방향으로 잡아 본 것은 우리 사회의 최종적인 이상이 정치·경제·사회·교육·종교·노동·문화·언론 등 각 영역과 분야가 기존 이익을 폐쇄적으로 옹호하는 데 그치는 소극적 다원성을 구현하려는 데 그 목적이 있는 것이 아니다. 그러나 다원 사회의 형성은 거부할 수 없는 하나의 역사적 단계이다. 역사의 한 단계에서 우리가 다원 사회를 이루는 것에 동의한다 하더라도 이미 기득권을 형성한 영역과 분야, 집단과 세력들로 하여금 오로지 자기들에게 유리한 입장에서 상호 관계의 망을 형성하고 이익을 고착화하게 하는 것이 우리의 목표가 될 수는 없다. 우리의 관심은 기득권을 장악한 집단과 세력들이 전 사회적 조정력을 계속해서 배타적으로 장악해가는 권력화가 아니라, 앞으로 나타날 새로운 집단과 조직들, 새로운 가치와 의미를 추구하는 세력들에 대해서도 자기주장과 이익의 몫을 가능하게 하는 '영역화·정치화'의 과정으로 나아가는 것에 있다. 그리하여 기존의 집단과 함께 미래의 집단, 현재의 구성원과 함께 미래의 구성원이 가질 권한의 몫도 '영역화·정치화'할 수 있는 공동체적 방향으로 갈 때, 우리가 처한 어려움을 극복할 수 있는 새 지평과 대안이 마련될 것이며, 우리 사회의 또 다른 큰 문제인 분단의 극복, 환경의 보존과 이용, 지방자치의 민주적 전개 등에 대해서도 접근할 수 있는 바탕이 마련될 수 있을 것이다.

셋째로 우리가 공동체적 방향을 지향하고자 하는 또 하나의 현실적 이유는 사회의 여러 부문이 구성원들의 공통된 관심을 중심으로 하여 자율성과 상호성, 그리고 토론의 정신을 가진 공동체로 자기 영역과 분야를 형성하고, 그 형성된 공동체성을 바탕으로 해서 상호 공동체적 작용들을 행할 수 있게 될 때, 사회적 갈등과 긴장에 능동적으로 대처하여 바람직한 변화를 이룰 수 있으리라고 보기 때문이다. 각 영역과 분야의 내부에, 그리고 영역 간 분야 간의 상호작용에, 민주 문화적인 공동체성이 갖추어져 성숙하게 발양(發揚)된다고 한다면, 정치사회적 변환을 두려워하지 않고 능동적으로 대처하는 탄력이 더 강화될 수 있을 것이다.

넷째로 우리가 공동체 형성을 목표로 삼는 것은 아카데미가 스스로를 공동체화하는 데 소홀히 하였던 것을 반성하고, 아카데미 자체의 공동체화를 함께 추구하려고 하는 데에 있다.

위와 같은 이유에서, 우리가 민주 문화 공동체의 형성을 추진하고자 하면서 그 민주 문화 공동체의 성격을 다음과 같이 규정해 본다.

첫째로는 관심별, 영역별 자유가 가능한 공동체의 형성이다.

해방 이후 40년의 역사는 공동체적 입장에서 보면 정치·경제·사회·종교·교육·노동 등 사회 각 부문에 영역화가 이루어져가는 과정이라고 볼 수 있다. 따라서 그간 우리 사회에 일어난 사건과 우여곡절들은 그 영역화의 과정과 결과들을 사회적으로 받아들이는 제도화가 이루어지지 않는 데서 발생한 문제들이라 할 수 있다. 이제 단위 영역화가 더욱 활발해질 앞으로의 우리 사회는, 단위 영역화의 추진과 이미 형성된 영역 간의 상호 조정을 위해서 자율과 개방이 사회적 기본이 되지 않으면 우리 사회의 안정과 발전은 정착되기가 어려울 것이다. 우리가 관심별, 영역별 자유를 주장하는 것은 관심별, 영역별 자유가 개방과 자율의 정신 위에서 사회적 기본으로 자리 잡혀갈 때 그 사회는 현재의 어려움을 극복할 자구력(自救力)과 불확정한 미래에 대처하는 생동력 있는 대안을 형성할 능력을 갖출 수 있기 때문이다.

이제는 우리 사회 역시 역사적으로 형성되어가는 어떠한 집단과 세력을 임의로 배제하거나 억압한 채로 사회적 기능이 수행되고 정치적 발전이 도모된다고 볼 수는 없다. 그 차이와 갈등에도 불구하고 그동안 형성된 영역과 분야들이 공동체적 상호성을 원칙으로 서로를 조절하는 사회가 사회적 진보를 이루는 길이요, 민주 문화를 뿌리내리는 길이다. 왜냐하면 이 길이 바로 민주 사회의 기본인 책임적 존재를 개인과 사회에서 이루고 사회적 토론과 대표성의 구현을 실현시켜 사회적 자기 조성을 가능하게 하기 때문이다.

둘째로는 참여적 공동체의 형성이다. 공동체적 인간과 공동체적 사회는 참여를 전제로 한다. '공동체가 없이는 성숙이 이루어질 수 없다'라는 이해는 공동체는 참여를 통하여 그 구성원을 고양시킬 수 있고 그 공동체는 거듭 갱신할 수 있다. 공동체가 자기 자신보다 더 의미 있는 공동체에 자기 스스로를 내어놓을 수 있는 아량은 공동체적 상호 참여성을 통하여 이루어진다. 그러므로 이러한 상호성이 성숙한 사회적 정치 작용이다. 관심별 자유, 영역별 자유를 통하여 단위 영역화가 이루어지고 공동체적 상호 참여를 통하여 사회는 더 크고 분명한 사회적 자아를 형성한다. 따라서 이 사회적 자아를 통하여 정의의 문제, 양극화의 문제는 풀려나갈 수 있다.

이상과 같은 민주 문화 공동체의 기본 방향은 아카데미가 그동안 견지해왔던 대화의 정신과 일치한다. 대화는 관심별 · 영역별 자유를 통하여 자기를 형성하지 못한 종속적인 존재와는 이루어질 수 없다. 민주 문화 공동체는 따라서 대화 공동체이다. 이러한 대화 공동체는 더욱이 갈등과 대립이 두드러진 세력 간에 형성되어야 한다. 설사 하나의 위기는 또 다른 하나의 위기에 의해서 극복된다고 하더라도 그 위기는 대화의 방식으로 관리되어야 한다. 대화로 문제를 풀어나간다는 것은 차이를 가진 상대방이 공동체적 상호성을 긍정한다는 것이다.

우리가 민주 문화 공동체에 대하여 몇 가지의 이해를 덧붙인다면 우선 민주 문화 공동체의 형성은 우리 사회의 가치와 신념 체제의 붕괴에서 초래된 사회적 병리 현상을 극복하고 삶의 질을 높이는 데 기여하리라는 점이다. 봉건사회의 급격한 붕괴, 6·25와 연이은 정치적 단절들, 그리고 급격한 공업화 과정에서 원자화된 개인과 이지러진 집단의 문제를 해결하는 데 성숙한 공동체의 형성은 바로 그 치유책이 될 것이다. 개방적이고 자율적인 성향으로 공동체의 내실을 기하고, 공동체 간의 상호작용의 망이 갖추어져 개인과 집단의 자유와 가능성을 활성화하게 될 때, 배타적 개인주의와 폐쇄적 집단주의, 그리고 획일적인 전체주의를 극복하는 대안이 갖추어질 것이다.

다음은 사회 변화에 관련된 민주 문화 공동체의 이해이다. 민주 문화 공동체의 변화 지향은 공동체적 상호작용에 따른 기저적 사회 변화여야 할 것이다. 사람들이 더불어 사는 총체로서의 사회의 변화를 민주 문화 공동체의 입장에서 파악하고자 할 때, 그 변화는 정치적 상층부에서 도모되기보다 각 부문과 영역의 바탕에서부터 시동되어 전 구조에 파급되어가는 근본적인 것이어야 한다. 새로운 기초 공동체의 형성, 기존의 대소 집단과 부문의 공동체성 강화, 공동체적 관계 망의 형성이 그 방법이 될 것이다. 변화를 공동체적으로 본다고 하는 것은 변화의 방식이나 목표를 교조적으로 미리 규정하는 것이 아니라, 공동체적인 상호작용에 맡겨 개방적인 것이 되는 것을 의미한다. 이러한 공동체적 상호작용으로 앙양된 민압(民壓)과

민력(民力)이 결과적으로 정치 변화의 에너지가 될 것이다.

끝으로 민주 문화 공동체를 형성한다는 것은 그것이 대안적이고 미래 지향적이라는 것을 의미한다. 즉, 이미 마련된 방식과 철학에 의존 기생하는 것이 아니라 공동체적 상호작용을 통하여 끊임없이 자기를 형성해가는 것을 의미한다. '됨'이 아니라 '되어감'에 우리의 신앙고백이 있다. 그 '되어감'을 통해서 새로운 삶을 창조하고 인간화를 지향하는 것이다. '되어감'이 우리의 신앙이라는 정신에서 체제화된 도식, 관-권적인 타성에 미래를 맡기는 것이 아니라 창조적이며 생명이 넘치는 공동체적 상호작용을 통하여 현대 문명이 가지는 위기를 이겨나가는 데 우리는 이바지하고자 한다.

2부

대화의 예술
—대화의 방법과 실제

에버하르트 뮐러*

대화의 기술이 꼭 필요한 이유

우리는 이미 19세기적 인간이 아니다. 당시의 개인은 오늘날처럼 세계를 품고 있는 거대한 기계 장치의 조그만 톱니바퀴가 아니었다. 물론 그 시대에도 로빈슨 크루소와 같은 외톨이형 인간은 있었으나 단지 소설 속에서나 존재했으며, 인간의 단자monade적 성격은 그것을 믿는 철학자들의 머릿속에서만 존재

* 에버하르트 뮐러Eberhard Müller는 서독 슈투트가르트에서 1906년 출생했으며, 튀빙겐대학과 여러 대학에서 공부하고 신학 박사학위를 받았다. 1945년에 바트 볼Bad Boll 아카데미를 창설했고 유럽 아카데미 지도자회의 의장을 역임했으며, 1989년 작고했다. 이 글은 *Die Kunst der Gesprächsführung*(대화 운영의 예술, 1954)를 번역한 것으로 『대화 공동체』에 게재된 글을 재수록한다.

하고 있었다. 그럼에도 당시의 인간은 오늘날처럼 사회의 온갖 조직 속에 완전히 얽매이지는 않았다. 누군가가 인생에서 무엇을 성취하려고 할 경우—적어도 중류 계급의 인간에게는—그 사람의 행동과 지식, 근면 또는 기술적인 숙련 등이 결국 문제를 좌우했다.

지금은 사태가 완전히 변하고 말았다. 물론 오늘날에도 한 인간이 개인적으로 취하는 행동에는 최소한의 규제가 따른다. 그러나 성공을 추구할 경우, 실제 사회가 그에게 기대하는 능력이나 재능 같은 것이 예전과는 완전히 달라졌다. 오늘날 개인적인 숙련도는 사회적 능력과 비교할 때 이차적인 문제로 밀려나고 있다. 즉, 협동 작업에 필요한 사회적 능력이 개인의 성공을 결정하는 전제가 되고 있다. 협동 작업을 조직해 풍성한 성과를 거두는 개인의 기술이야말로 지도자의 지위를 획득하는 데 가장 중요한 자격 요건이 되었다.

산업 세계뿐 아니라 학계에서도, 또 현실에 눈떠가는 교회의 내부에서도 상호 이해의 방법을 배우고 집단group에 의한 대화를 육성시키는 것이 큰 의미를 지니게 되었다. 유감스럽게도 만인 사제론의 교훈에도 불구하고, 모든 프로테스탄트 교회에서는 그간 설교와 신앙 문답에 의한 위압적이고 강제적인 주입식 대화만이 구조적으로 이어져왔다. 이것이 바로 많은 사람이 교회로부터 멀어지고, 또한 교회 자체가 분열 상태에 놓이게 된 주된 이유 중 하나이다.

교회와 세계가 서로 주고받아야 할 대화의 필요성에 대해 알버트 C. 아우틀러Albert C. Outler는 1963년 캐나다 몬트리올에서 개최된 '신앙과 직제'에 관한 세계교회협의회WCC 대회에서 다음과 같이 말했다.

현대의 분열된 세계—이곳에서 우리들은 온갖 이데올로기의 가차 없는 투쟁 속에 치명적인 위기에 직면해 있다—를 위해 대화의 형식이 창출되지 않으면 안 된다. 그리고 그것은 에큐메니컬(超敎派的) 운동이 장벽에 부딪힌다든지 산산조각이 나서 무산되는 사태를 사전에 방지하는 섭리의 도구로서 받아들여져야 한다.

인간은 하나님의 피조물로서 공동체에 의해 살아가도록 만들어졌다(「창세기」 2장 18절). 우리들의 인간적 상호관계의 영적인 교섭은 언어로써 표현되는 것이다. 인간이란 '생명의 말을 가진 자'이며, '대화를 할 수 있는 살아 있는 존재'인 것이다. 서로 대화를 나눔이 없이는 인간관계에 있어서든 하느님과의 관계에 있어서든 완성된 공동체는 있을 수 없다. 우리는 말을 함으로써 나 자신을 표현하고 서술하며 다른 사람들에게 나를 알려, 결국 자기 인식에 이르는 것이다.[1]

1 Albert C. Outler, "Vom Streitgespräch zum Dialog", *Ökumenische Rundschau*, Stuttgart, Heft 1, 1964, S. 20.

집단적인 대화를 성공으로 이끄는 기술은, 동시에 개개 교회를 활성화시키기 위한 전제이기도 하다. 활동적인 교회의 중핵을 만들어 생동감 넘치게 하기 위해서는 공동 사고와 공동 계획의 합의점을 이끌어내는 기술이 결정적으로 중요하다. 협동작업과 상호 이해는 오늘날 교회 집단에서나 세속 집단에서나 모두에게 필수 불가결한 조건이 되었다.

상호 이해의 기술을 어려워하는 사람들을 위한 단 하나의 길이 있다면, 그것은 바로 '노력'이다. 자신의 의지를 실현하기 위한 도구로 타인을 이용해온 인간의 능력은 과거 수 세기에 걸쳐 정치·경제 또는 정신생활의 영역에서 권력형 인간의 개인적 야망을 달성하기 위한 수단으로 활용되어왔다. 권력자는 시대의 모든 문제를 힘의 집중 또는 강제력에 의한 협력 체제의 확립으로 해결하려 했다. 그러나 이러한 양상은 다른 인간은 아무 말도 못 하게 하고 오직 자기만 말하고자 하는 특정한 경제·정치적 폭군의 권력욕에만 기인하지 않는다. 권력 욕구는 종종 전체적으로 맥락 없는 잔소리로 끝나버리고 아무리 대화하더라도 끝내 성과를 얻지 못하는 절망감의 누적 때문에 발

생하기도 한다.

이런 상황에서 우리는 목표를 정하고 서로 의견을 나누면서 자신의 목표를 상대에게 이해시키는 사람을 전통적인 지도자상으로 받들어왔다. 자기 의견을 타인에게 관철하고 자신의 의지대로 타인을 따르게 할 수 있는 자를 지도자로 여겨온 것이다. 경제계나 정치계의 수많은 지도자는 물론 노동조합운동을 하는 사람이나 교회의 지도자도 공공연히 입에 올리지는 않지만, 오늘날까지도 여전히 이러한 지도자상은 정당성과 타당성을 지닌다고 믿는다.

그러나 젊은 세대에서는, 현대사회를 이끄는 지도자가 되기 위해서는 단지 힘에 의존해서는 곤란하다는 점을 차츰 인식하고 있다. 그런 방법은 외관상의 해결에 불과하기 때문이다. 힘에 의존한 문제 해결은 삶의 현실을 잘못 인식하는 데서 출발하기 때문에 그만큼 토대가 약하다. 공동체 속에서 인간이 단지 목적을 위한 수단이 되거나 개인의 자유와 책임을 빼앗기고 기능 제일이라는 합리성의 법칙에 굴복한다면 정신적으로나 사회적으로 더할 수 없이 심각한 혼란이 일어나게 될 것이다.

이와 같은 이유에서, 기업의 무사안일주의, 정계의 관료주의적 독재, 학교의 케케묵은 주입식 교육, 또는 교회의 설교 독재 등은 그 나름의 본연적인 장점에도 불구하고 비극적인 상태라는 말을 들어 마땅하다. 인간이란 각자 개인으로서의 책임감으로 함께 생각하고 함께 행동하는 인격체로서 자기 자신을 발전시킬 수 있어야 한다. 인간이란 한 사람의 개인이 되어야 한다. 그러나 여기서 말하는 개인이란 어떠한 개인적 행위로만 고립화되는 개인이 아니라, 공동체에 가담해 여러 사람과 함께 자기의 역할을 자유롭게 수행할 수 있는 개인이란 뜻이다.

따라서 대화의 기술은, 현대의 인간이 공동생활을 영위하기 위해 발달시킨 여러 유익한 기술 중 하나라고 말할 수 없다. 그것은 집단 속에서 서로 밀접하게 작용하는 인간이 각기 개성 있는 인격으로서 머물며, 타인의 의지만을 추종하는 인간이 되지 않기 위한 필수적인 전제이다.

대화의 형식에 관한 역사적 고찰

논쟁적 대화

우리가 알고 있는 한, 현존하는 가장 오래된 대화 형식은 사상적인 문제를 둘러싼 '논쟁'이다. 이 형식은 그리스인들이 소피스트의 학교에서 발전시켰다. 그들은 시민 집회에서 의견을 달리하는 상대에 맞서 자기 생각의 정당성을 옹호하며 토론의 기술을 배웠다. 이런 논쟁의 목적은 자기주장의 관철에 있었다. 오늘날 우리가 성공적인 대화에서 필수 불가결한 요소로 여기는, 상대방이 하는 말을 충분히 이해하여 공동의 새로운 인식에 도달하려는 대화의 과제는, 이 논쟁의 형식에서는 명확하게 파악되지 않고 있다.

물론 이러한 대화에서도 그것이 사실에 근거해 전개되는 한 새로운 지식에 도달하기도 하고, 때때로 서로의 생각이나 의견, 관심 등을 실제로 조정할 수 있었다는 점은 부인할 수 없다. 그러나 이 '토론술dialektik'에서는 결국 논적(論敵)을 제압해 항복시키는 것이 무엇보다도 중요시되었다. 그것은 유명한 소피스트 중 한 사람이었던 프로타고라스가 토론에 관한 그의 저서에 붙인 표제어, '상대를 이길 수 있는 화술(話術)'에 분명하게 제시되어 있다.

중세 대학에서 성행했던 학술적 토론 역시 방법론적으로 위에서 말한 논쟁 형식의 사조를 이어받고 있다. 일찍이 아벨라르두스Petrus Abaelardus(1079~1142)는 『긍정과 부정*Sic et Non*』이란 그의 저서에서 이 토론술을 학술적 작업으로 재구성한다. 그는 전통적 교회가 지닌 갖은 모순을 해명하는 데 토론술을 효과적으로 활용했다. 그는 숨겨져 있는 모순적인 상황을 논의의 대상으로 삼아 공론화시킨 것이다. 그 이후로 이 논쟁 형식은 중세 후기의 대학에서 나름의 전통으로 굳어졌다. 한 명씩의 교사magister가 지도하는 두 개 파의 회합으로 이루어졌고, 토론자들은 일대일의 사상적 대결을 벌였고 자기가 속한 문하생들의 응원을 받았다. 하나의 명제가 제시되고 그에 대한 반론이 동원되어 결국 갑론을박하는 논쟁이 전개되었다. 거기에는 제3의 교사가 있었는데, 그는 결정하는 역을 맡았다. 이

교사의 역할은 심판자와 현대의 논쟁 지도자 그 중간에 해당한다. 그는 질서가 잡힌 논쟁 방법과 거론될 주제의 범위, 또는 사용되는 개념의 명확성을 제시해야 했다.

대학에서 이뤄진 이러한 논쟁 형식은 오늘날에도 학위 심사나 교수 취임 등의 기념 강의 때 간혹 하게 되는 공개 학술 토론에서 그 자취를 찾아볼 수 있다. 그런데 이러한 논쟁 형식은 무엇보다 다음과 같은 점에서 현대적 대화와는 다르다. 즉, 그것은 분명히 밝혀야 할 문제나 해결을 요하는 문제로부터 출발하는 것이 아니라 명제로부터 출발한다는 점이다. 여기서 대화자는 말하자면 자신의 사상 체계를 고전적인 지식으로 무장하고 상대가 제출하는 인용된 문헌으로부터 논리적으로 살아남아야 했다.

학술 토론의 전성기였던 유럽 여러 대학의 초기 몇 세기 동안, 이 대화 형식은 서양 학술과 그 인식의 발전에 근본적이고 절대적으로 공헌했다. 다만 그 성과는 새로운 지식을 얻으려는 공동의 의지가, 토론의 승자가 되려는 개인의 의지를 억제할 때에만 성취되었다. 에라스무스 역시 이렇게 말했다. "서로

다른 의견을 토론collatione함으로써 진리는 빛을 보게 된다." 하지만 중세 유럽의 학술적 논쟁은 명제로 주어진 고정관념을 배면에 두고 이뤄진 대화였기 때문에 논자의 주장은 정해진 결론을 둔 채 전개되었고, 토론은 격화될 수밖에 없었다. 따라서 당연한 결과겠지만, 논자는 상대를 반박하는 데 몰두했고 반박 자체가 토론의 목적에 합치되었기에 대화는 더욱더 분열되고 말았다.

대화를 효과적으로 운영하기 위한 방책으로 중세 토론의 명수들은 다음과 같이 충고했다. "쉽게 수긍하거나 부정하지 말고, 쟁점을 잘 분별하라Nil concede, nega parum, distingue frequenter." 사상 논쟁에서는 이기는 것이 관건이며, 논적을 격투 끝에 일어서지 못하게 만드는 것이 중요한 목표였다.

이러한 토론 시합에서도 새로운 공동의 지식에 도달할 가능성이 전혀 없었던 것은 아니다. 그러나 이 형식은 방법상의 목표가 없었으므로 대화는 점점 결실 없이 서로 차이만 확인한 채 끝나버리고 말았다. 결국 시종 관념적인 논쟁만 남게 된 것이다. 아마 이 같은 대화의 방법으로부터 '언쟁' 혹은 '논쟁auseinandersetzung'이라는 어휘가 생겨났을지도 모른다. 여하튼 이 대화 형식은 공동의 인식에 있어서, 서로 간 하나의 통일된 결과를 가져오기는커녕 오히려 정반대의 길로 안내했다. 전 유럽의 정신생활은 물론 나아가서는 교회의 역사 및 종교 생활의 가장 깊숙한 영역에까지 커다란 영향을 미치게 되었다.

논쟁 형식의 대화는 그 목적이 상호 이해가 아니며, 상대에게 자기의 주장을 반드시 관철해야 할 경우 나름대로 의미가 있을지 모른다. 따라서 이 형식에 관해서는 나중에 다시 한 번 언급하기로 하겠다. 여기에서는 우선 다음 사항만 확실히 밝혀두려고 한다. 즉, 이 '논쟁'이라는 오랜 대화의 형식이 학술 연구나 종교적인 문제 해결, 또는 집단적 상호 이해의 영역에서 사용된다면, 그것은 잘못된 방향으로 발전하고 있다는 것이다. 이러한 오류는 현대의 대화 기술에서 밝혀질 문제이며 결국 극복해나가야 할 대상이다.

교육적 대화

교육적 대화는 그리스인 사이에서나 현대의 교육 기관에서나 논쟁과는 정반대의 대화 형식을 취해왔다. 여기에서는 피교육자인 대화 상대가 입을 다물지 않고 계속해 말하는 것이 중요하다. 천성적으로 소극적인 대화 상대를 유창한 언변으로 짓눌러 침묵시키는 것이 아니라, 오히려 기교적으로 잘 다루어 그를 대화의 마당으로 이끌어야 한다. 즉, 지적으로 우수한 사람이 무지한 인간의 역을 맡아, 대화 상대가 마치 지적인 사람인 것처럼 꾸미는 것이다(소크라테스의 아이러니). 이 대화의 목적은 상대를 정복하는 것이 아니라 새로운 인식에 도달할 수 있도록 돕는 것이다.

피교육자는 자기가 몰랐던 새로운 견해의 포로가 되어서는 결코 안 된다. 여기서 중요한 것은, 내면에 잠자고 있으나 아직 계발되지 않은 지식을 환기하는 대화의 산파술이다. 배우는 사람은 우회의 길을 통해 자신의 무지를 깨닫는다. 이 깨달음으로 머리는 맑게 비워지고, 지자(知者)로부터 배우려는 지적 욕구가 그 자리를 대신한다.

논쟁 형식으로부터 교육적 대화로의 진보—소피스트 교사와 다양한 논적을 상대했던 소크라테스의 업적이다—는 새로운 진리 인식을 향해 순수하게 마음을 연다는 특징을 지니고 있다. 이 대화에서는 위기에 몰린 사람이 그의 의견을 정당화시키기 위해 온갖 술책으로 진리에 대한 마음을 외면하거나 대화를 파탄 내려는 유혹에 빠지지 않는다. 오히려 순수한 자기반성으로 인도된다.

이 같은 장점에도 불구하고, 여기에서도 참다운 대화는 성립하지 않는다. 교육적 대화 방법은 특정 교육 내용을 배우는 자에게 전달하고 그것을 이해시킬 목적이 있을 때 매우 유효하다. 일반적으로 어린아이나 아직 독자적인 지식을 가지고 있지 못한 사람에게는 적당할 것이다. 그러나 그러한 사람에 대해서도 물론 우리는 상투적인 문구를 신앙 문답식으로 주입하는 것이 그들이 순수한 지식을 얻도록 하는 방법은 아니라는 것을 알아야 한다.

확실히 어린이를 잘 돌보려는 수많은 교회학교의 교사들은, 이 교육적 대화법을 이미 자립 사상을 갖게 된 인간이나, 그것을 가지려고 갈망하는 사람들에게 시도해봐야 전혀 도움이 되지 않는다는 사실을 경험하게 된다. 상급학교나 직업학교에서 학생들을 가르친 경험이 있는 우수한 종교 교사들은 이 사실을 잘 알고 있다. 교육적 대화 형식으로 종교 교육을 일방통행식으로 고정화하면, 교회는 점점 더 많은 젊은 신도들을 잃어버리게 될 것이다. 그들이 자립적으로 사물을 관찰하거나 기술을 몸에 익혀 독립생활을 하게 되는 시점이 오면, 이미 붙잡을 수 없기 때문이다.

교육적 대화의 한계는 뭔가 질문다운 질문, 진정한 질문이 제기되지 않고 피교육자에게 의도된 질문만 던진다는 점에 있다. 질문자는 이미 답을 알고 있으며, 질문을 던지면서 단 하나의 대답만 가능하고 정당한 것처럼 피교육자를 이끌어가게 된다. 질문자는 사전에 짜놓은 교수 목표에 도달하고자 노력한다. 질문자는 대화를 나누는 사람들 가운데 하나가 아니라, 높은 자리에서 내려다보는 자가 된다.

교육적 대화가 진정한 대화가 아니라는 점은 현대적 대화 기술을 한 번이라도 지도한 적이 있는 사람이라면 누구나 다 아는 사실이다. 사실 진실한 대화에서조차 이야기가 장황하고 따분하게 흘러가면 지도자는 어떻게든 대화를 본궤도로 올려놓아야 한다는 필요를 느끼게 되는데, 이 경우 대부분 교사는 스스로 토론 중에 질문을 던짐으로써 대화를 진척시켜보려 한다. 그러나 이는 그가 진실과는 거리가 먼 교사임을 드러내는 것이며, 대화를 궤도에 올려주기는커녕 오히려 망쳐버리는 작용을 한다. 그 때문에 현대적 대화에서 교육적 대화의 궤도 이탈은 분명한 기술적 실패로 다뤄져야 한다. 이러한 실패를 어떻게 피할 것인가 하는 문제는 추후 다시 살펴볼 것이다.

교육적 대화의 방법은 인간을 참된 대화로 인도한다고는 볼 수 없다. 하지만 지도하는 사람이 학생들로 인해 자기가 정하고 있던 틀을 벗어나 그 스스로가 참다운 대화 속에 휘말려 들겠다고 한다면 그것은 별문제다. 그런 경우 그는 교육적 대화의 방법과 그에 대한 명확한 목표 설정을 포기한 것이다.

교육적 대화는 학생들의 학습 의욕을 일깨우는 교육 방법으로서는 그 의미를 지닌다. 그러나 현대적인 대화에서 중요시하는 참다운 공동 작업, 상호 이해, 공동 인식의 획득을 바라는, 약자와 강자가 함께 대화의 공동체를 구성하는 일 등은 실현되기 어렵다. 여기에서는 참다운 의미의 공동체는 생겨나지 않고 기껏해야 사제 관계가 성립될 뿐이다.

목회적 대화

온갖 인간적인 대화의 방법에 결정적인 영향을 미친 하나의 새로운 대화 형식은 그리스도교 신앙으로부터 나오게 되었다. 이 대화에서는 논쟁 형식이나 교육적 대화 형식이 아니라 인간과 인간의 만남이 그 핵을 이룬다. 이 방법은 종교적인 의미만 지니는 것이 아니라 인간끼리의 상호 이해를 위한 의미도 지닌다. 귀를 기울여 상대방의 이야기를 듣는 기술과 태도에 강조점을 부여하고 있기 때문이다. 진정한 목회적 대화에는 상호적이고 인격적인 만남이 있으며, 교육적 대화처럼 듣고 싶어 하는 것이 미리 결정되어 있지 않다. 논쟁적 대화처럼 논자가 처음부터 상대를 반박하는 데에만 몰두하는 것도 아니다. 목회적 대화의 전제는 오히려 상대방의 이야기를 진실한 마음으로 경청하려는 태도, 가슴을 활짝 열어놓은 상태, 즉 자기와 타인과의 연대성을 찾는 데에 있다. 여기에서는 지식의 획득이나 그에 대한 옹호가 아니라 무엇보다 서로 이해하는 것, 인간의 마음과 마음을 연결하는 것이 중요하다.

상호 이해가 성립하기 위해서는 대화자 쌍방이 도덕적 · 지적인 의미에서 자기만 옳다는 태도를 극복하지 않으면 안 된다. 대화의 상대에게 도덕적으로 설교한다든가, 논리적인 이론으로 설복하려 해서는 안 된다. 오히려 이 대화에서는 무엇보다 어려운 문제나 곤란함, 시련 등을 이해하고 그 짐을 함께 나누려는 마음가짐이 필요하다. 문제를 함께 고민하는 연대성, 다른 이의 관심사에 애정을 가지고 참여하는 것, 상대방의 생각을 그 사람 이상으로 잘 이해하고 표현하려는 노력—실제로 이런 점은 단지 목회적 대화만이 갖는 고유성은 아니다. 그것은 인간 상호 간의 대화 전반에 걸친 전제이기도 하다—이 필요하다. 목회적인 대화를 해야 하는 사람(목사)에게 추구되는 능력은, 단적으로 말해 세속적인 영역에서 지도자가 갖춰야 할 가장 중요한 자격 요건이기도 하다.

귀 기울여 상대의 이야기를 경청하는 기술의 등장은, 대화 기술의 역사에서 결정적인 일보 전진이다. 또한 그리스도교적 · 목회적 대화는 일반적인 의미에서 또 하나의 새로운 인식으로 우리를 인도한다. 즉, 바른 의미의 그리스도교적 · 목회적 대화에서 중요한 것은 '목회자는 대화 상대의 문제에 관해 자기 자신이 해답의 열쇠를 쥐고 있는 것이 아니라, 그 해답을 그 상대와 공동으로 추구하고 공동으로 이해하는 것'이라는 인식이다. 따라서 진정한 목회는 진리를 추구하고 바른길을 찾으려는, 공동으로 문제를 해결하는 연대성을 가지려는 기술, 더 나은 표현을 사용한다면 하나님의 은총으로써 이루어지는 것이다.

물론 그리스도교의 목사는 단순히 인간적인 의미로 이야기 상대가 되어주는 것만을 자신의 사명으로 여기지는 않는다. 그는 동시에 복음을 전파하는 진리의 사도로서 사람들과 접촉한다. 그렇지만 전도자로서의 그의 임무는 자신을 지자(知者)로 자처하고 상대를 무지한 대중으로 간주하는 것이 아니다. 복음의 사도인 목사의 임무는 철학적 설교나 교리적 · 독단적 확신이나 도덕적 행위에 대한 강연만으로 끝나지 않는다. 목회적 대화에서는 두 사람의 대화자 중 한쪽만 상대의 이야기를 듣는 것이 아니라, 쌍방이 서로 새로운 점을 가르쳐주고 영향을 받음으로써 올바른 앎을 향해 나아가는 것이다.

루터는 이 대화를 "서로가 형제로서 이야기를 나누고 위로해주는 것mutuum colloquium et consolatio fratrum"이라고 규정하고 있다. 목회적 대화는 단지 '죄를 참회하는 자'와 교직자 사이에 교환되는 훈계와 위로 따위로 생각해서는 절대로 안 된다. 그것은 진실로 '형제로서의 인간끼리 주고받는 대화'이며, 다른 수많은 이들 사이에서도 호혜적으로 이루어질 수 있는 대화이기 때문이다.

역사를 돌이켜보면 유감스럽게도 이런 인격적인 만남의 대화로부터, 대화 기술의 발전을 위한 직접적 또는 방법론적인 원동력이 생겨나지 않았다는 점이 명백해진다. 에드워드 투르나이젠Eduard Thurneysen은 그의 『목회학』이라는 저서에서 이 점에 대한 이유를 매우 타당성 있게 서술한다.

> 하나님은 여기(목회적 대화)에서 반드시 하나님의 음성과 마찬가지로 다른 사람의 목소리에도 우리의 귀를 열어주신다. 그러므로 이 경우에는 아무런 기교도 존재하지 않는다.

이는 매우 타당성 있는 이야기다. 심오하고 인격적인 만남(집회 · 모임 · 회합)은 인간적이고 세속적인 '대화의 기교'로만 이루어지는 것이 아니다. 대화를 나눌 때 기교적인 면을 너무 지나치게 생각하는 것은 때때로 진정한 만남을 방해하기조차 한다. 참다운 만남을 가져오는 대화는 진실한 예술과 마찬가지로 기교라기보다는 오히려 하늘의 은총에 달려 있다. 인간이 기교와 잔재주를 버리고 하늘의 은총에 격의 없는 마음을 가져야만, 인간과 인간이 가장 깊은 곳에서 결합하는 결과를 얻을 수 있다.

그러나 오늘날 종종 볼 수 있듯이, 집단적인 대화의 성공이 '기교적 전제'와는 아무런 관련이 없을 것이라고 극단적으로 믿는 사람들이 있다. 사람들이 무엇인가 지식을 습득하거나 방법론을 고려하거나 인간적인 필요로 기술을 숙련하거나 하는 일에 전혀 의미가 없다면 큰 문제가 아닐 수 없다. 한결같이 그때그때 하늘이 내리신 은총—종교적인 대화에 있어서는 성령의 은총—그리고 그 이외의 경우에는 대화 그룹에 필요한 어떤 신비적인 것만이 중요하다고 여긴다면 크게 잘못된 생각이다. 만약 그것이 맞는 말이라면, 설교나 종교 교육에서도 아무런 기술도 습득할 필요가 없고 방법론적으로 고려한다든가 숙련할 필요도 없게 될 것이다. 왜냐하면 종교적 강화(講話)나 종교 교육에서 결정적인 것은 단지 하나님만이 행할 수 있다고 하는 말로 들리기 때문이다.

지도자에게 필요한 대화 기술을 공부하고 교회의 친교 활동에 익숙한 사람이라면 다음과 같은 사실을 잘 알고 있을 것이다. 즉, 교회 그룹에서의 대화가 항상 다람쥐 쳇바퀴 돌 듯 진전이 없고 산만해져 마침내 마비 상태에 빠지거나 궤도에서 이탈하는 원인은 단지 성령의 인도가 부족하기 때문이 아니고, 오히려 대부분 그것을 지도하는 사람의 극히 기본적인 기술상의 결함에 있다는 사실을 말이다. 이때는 기술상의 결함은 물론 그 밑바탕에 윤리적인 결점이 가로놓여 있는 경우가 많다. 그러므로 대화의 기술을 습득한 사람은 대화에는—어떤 경우에는 세속적인 형태를 취하기도 하지만—종종 정신적인 교훈이 감추어져 있음을 곧바로 느끼게 된다. 대화의 기술이라는 거울에 비춰보면 '모르고 있던 많은 죄'가 드러나게 된다. 특히 대다수 지도자가 무의식 속에서 자아를 표출시키거나 자기 자신이 먼저 문제 해결의 열쇠를 말해버림으로써 모처럼 싹이 트기 시작한 사람들의 대화를 짓밟아버리는 오류를 범하고 있다.

진실한 대화의 기술은 알려지지 않은 인격적인 결점을 극복해야 한다는 본질적인 문제를 외면하지 않는다. 세속적인 경우

든 교회적인 경우든 간에 참다운 대화는 결국 저 바울이 말한 것과 같이 "만약 사람이 자기가 뭔가 좀 알고 있다고 생각한다면, 그 사람은 모르면 안 될 정도의 일조차도 아직 알지 못하고 있는 사람이다. 그러나 사람이 하나님을 경애한다면 그 사람은 하나님께서 알아주시는 것이다"(「고린도 1서」 8장 2~3절)라는 통찰을 부여받음으로써 생생한 약동감이 넘치게 되는 것이다.

경험의 교류

앵글로색슨의 국가들, 특히 미국에서 널리 사용되는 대화의 형식은 경험의 교류다. 여기서 주목할 것은 미국에 있는 세계적 교육 기관에서의 대화의 기술은 유럽에서와 같이 발육부전으로 사멸해버린 것이 아니라 끊임없이 새로운 발전을 거듭해 왔다는 점이다.[2]

그 이유는 다음과 같은 사실에 기인한다. 즉, 이 나라에서 대화의 기술은 논쟁으로 자기 입장을 변호하거나 외양적인 대화 형식을 이용해 지적으로 뒤떨어진 사람을 교육하기보다는, 오히려 이야기를 나누는 사람끼리의 상호 '교환give and take'에 초점을 맞춰왔다.

---

2 예를 들면 H. S. Elliot의 *The Process of Group Thinking*(Association Press, New York, 1946)과 비교하라.

앵글로색슨인의 대화 기술은 인간의 내적 · 외적 경험을 서로 비교하고 공유하려는 간절한 바람으로부터 출발한다. 그 결과, 이미 체험한 경험의 신뢰성과 타당성을 바탕으로 가능한 한 가장 높은 수준의 질문에 도달하고자 한다. 이때의 대화는 본질적으로 말해 '무엇을 해야 하는가?'라는 질문에 답하는 것을 중핵으로 삼는다. 바로 '올바른 목적에 부합되는 행위란 무엇인가?'라는 질문에 대한 진지한 모색이다.

이와 같은 오랜 대화 기술의 전통에는 저 앵글로색슨인의 냉정한 현실주의뿐만이 아니라, 그들의 정치 조직이 우수한 대화를 나눌 능력과 그 가능성이 기초적으로 자리한다. 하나의 입장에 대해 자기 나름의 주장이나 경험, 이해의 교류에 마음을 터놓지 않는다면 그는 그들 사이에서 구제 불능일 정도로 교양이 없는 사람임을 뜻한다.

앵글로색슨의 세계에서는 더 나은 대화 방법을 발견하고 그것을 계통적으로 향상하는 것이 유럽의 정치 세계를 늘 위협하고 있는 이데올로기적 경직 상태에 대항할 가장 강력한 정신적 방위력이라고 믿는다. 이처럼 '무슨 일이든 대화로'라는 문화 속에서 성장한 앵글로색슨인은 무엇보다도 우선 '타협하는 여유'가 몸에 배어 있다. 그것은 민주주의를 지향하는 정치적 공동생활에서는 참으로 필수 불가결한 것이다. '타협하는 것'은 진리를 찾아내는 길이며, 또한 기타 생활에서 생기는 여러 문제를 해결하는 매우 유용한 방법이다. 그에 반해 유럽,

특히 독일에서는 '타협하는 인간'은 진리와 양심을 저버린 사람이거나 자신의 독자적인 견해를 전혀 갖지 못한 사람으로 취급된다.

사실 유럽과 미국은 서로 다른 사고방식을 가지고 있고, 그것은 서구 사회 양쪽 모두의 불이익을 초래하고 있으며, 그로 인해 결국 두 사회는 서로 고립된 대립 상태에 놓여 있다. 유럽인은 항상 하나의 원칙을 세우고 그 원칙으로부터 현실 문제에 대한 결론을 이끌어내려 한다. 이는 때로 인간 사회를 중대한 위기로 몰아넣게 된다. 상반되는 원칙의 신봉자들이 자기들이 신봉하는 원리를 현실에 비추어 끊임없이 반성하고 새롭게 고쳐나가지 않는다면 공동의 행동은 불가능하게 될 것이다. 현실의 삶은 이 대립에서 발생하는 힘에 의해 압도당해버리고 만다.

원칙으로부터 현실로 지향해 들어오는 유럽의 연역적 사고방법과 앵글로색슨, 특히 미국인의 귀납적 사고 방법은 정면으로 대립한다. 미국인은 상호 간의 교류로써 확실해진, 가능한 한 많은 경험을 수집해 그로부터 공동 행위의 기본 원칙을 창출하려 한다. 그러나 이와 같은 진리 추구의 방법은 양심이나 이성이나 신앙의 내부에 숨겨진 근원적 발언을 알아들을 수 있도록 훈련되어 있지 않을 경우, 대화가 표면적인 것으로 끝나버리고 일체의 사상적인 일관성도 상실해버리게 된다.

그 점은 우리가 서구 세계의 두 영역에서 찾아볼 수 있는 대화 방법의 정신적·종교적 출발점에 주목할 때 한층 분명해진다. 독일의 프로테스탄티즘에서는 필리프 멜란히톤Philipp Melanchthon의 영향과 함께 스콜라 신학과 그 전통이 서서히 표면화되었다. 미리 주어지고 의심할 여지 없이 확정된 성서를 기반한 신앙 고백은 인식의 원천이자 학문적인 기초로 자리 잡았으며, 이렇게 마련된 진리의 영역은 점차 유럽 교회의 사상적인 토대가 되었다. 학문적 교양을 몸에 익힌 하나님 말씀의 봉사자(목사)들은 설교를 독점함으로써 교회를 지배하게 되었다. 프로테스탄트 정통파의 합리주의적 신학 계승자들도 역시 이와 같은 전통 속에 머물렀다. 그들은 단지 계시 대신 이성에 의한 인식이라는 원리를 받아들였을 뿐이다.

한편, 영국과 미국의 종교적 지식은 교리적 전통이나 성서 그 자체보다는 더 많은 개인적인 종교 체험에 기대어왔다. 프랭클린 리텔Franklin Littell은 영국과 미국의 의회제는 그 근원이 크롬웰 시대의 독립파(회중파의 별칭)에 있다고 지적한 바 있다.[3] 저 '내면의 빛', 한 사람 한 사람 모든 사람에게 주어져 있는 인격적·영적 통찰력은, 하나의 공동체로 결합하기 위해 다른 사람과의 교류를 통해 분명해지지 않으면 안 되었다. 퀘이커파 교도들의 체험주의적 종교성이나 아메리카 식민주의 프

---

3 Franklin H. Littell, "Die Kunst zu diskutieren-eine Grundlage der Demokratie", *Franz Lieber Hefte*, Christian-Verlag Bad Nauheim, 1/1958, S. 29.

래그머티즘은 순수한 경험의 교류라는 방법론의 일단을 잘 보여주고 있다.

오늘날까지도 그들 사이에서는 개개인에게 부여된 영감을 서로 나누는 행위가 대부분의 교회적·세속적인 공동체 속에서 결정적으로 중요한 역할을 하고 있다. 오늘날 '도덕 재무장 MRA' 운동에 가담하고 있는 사람들에게 그들이 함께 보내는 '묵상의 시간'은 어떤 의미에서 영적 전통의 복귀를 의미한다. 이들에게 영적 교류란 서로 배치되는 사상적·신앙적 원리에 관한 문제는 의식적으로 멀리하면서, 공동의 내적 체험을 나눔으로써 정신적·윤리적 방향을 헤아림을 뜻한다.

이처럼 연역적인 인식의 방법과 귀납적인 인식의 방법이 있고, 체계적인 사고로 원칙에 충실해지려는 태도가 있으며, 실제에 근거하려는 신앙 체험의 길이 있다. 좀 더 따져본다면 '무엇이 진리인가'라는 문제와 '우리는 무엇을 해야 하는가'라는 문제로 나뉜다. 이들 두 방향이 구제할 수 없을 정도로 깊은 괴리를 가지고 서로 분열돼 있는 것이야말로 서구 프로테스탄티즘의 커다란 비극 중 하나다.

유럽의 종교계는 추상적인 사상과 역사 연구에 몰입하는 한편, 미국의 종교계는 감성적이며 실제적인 것을 존중한다. 프래그머티즘이라는 미국의 철학은 이러한 일방성의 산물인데, 그 자취는 현대의 아메리카적인 대화의 기술에서도 엿볼 수가 있다. 프래그머티즘에서는 실제적인 효과를 가지는 것이 바로

'진리'가 된다. 따라서 프래그머티즘은 서로 간의 경험 교류에서 어떤 목적을 달성하기 위해 그때그때 가장 효과적인 방법을 발견해내려 한다. 여기에서는 진리 그 자체가 '가장 효과적인 테크닉'이다. 진리를 공동의 이해로써 추구하려는 대화 역시 점차 순수한 기술적 사항으로서의 성격을 띠게 된 것이다.

이러한 아메리카의 대화법의 이질적인 철학적·신학적 전통 때문에 유럽 문화는 그간 아메리카식 대화 방법론의 수입에 반대해왔다. 그럼에도 아메리카식 방법론을 적극적으로 받아들인 일부 교육자는 거의 예외 없이 프래그머티즘의 포로가 되어 갔다.

유럽의 문화에 아메리카식 대화 방법이 도움이 될 것인가. 우선 다음 두 가지 질문을 살펴보아야 한다. 상당히 진보된 경험의 교류라는 아메리카식 방법론이 일방적인 종교적·철학적 전제로부터 과연 해방될 수 있을 것인가 하는 문제와, 또한 그것이 유럽과 미국이라는 두 개의 사상적 전통의 만남에 유익을 줄 것인가 하는 문제이다.

미국식 토론 기술에서도 해결되지 않은 문제가 있다. 즉, 사람들의 경험이 상호 간에 교류되어 최종적인, 인간으로서의 결단에 관계될 만한 근본 문제가 생겼을 때 대화는 어떻게 형성될 수 있을까 하는 문제이다. 그 자체로 충족되어 있는 듯한 모든 '경험 교류'의 대화, 즉 최종 목표인 진리의 바로 직전까지 다다른 상태로 나누게 되는 '경험 교류'의 대화는 사실 꽤 효과적인 결과를 가져오기도 하고, 또한 기술적인 노동 공동체의 원활한 기능화를 촉진할 수 있다. 그러나 이런 대화에서는 '인간의 지식은 언제나 진리의 효과 때문이 아니라 바로 진리 그 자체로 인해 비로소 커다란 진전을 맞이한다'는 사실이 잊힐 수 있다. 새로운 지식의 획득은 성과에 매몰돼 맹목적으로 변질할 수 있으며, 이를 극복하기 위해서는 진리에 대한 순수한 열정이 필요하기 때문이다.

위대한 기술적 발전은 대개 유럽의 기초 연구에서 시작되어 그 후 대규모의 아메리카적 경험 과학을 거쳐 상용화되었다. 그러므로 우리는 대화의 방법에서도 그 올바른 길을 유럽과 아메리카의 만남에서 추구할 수 있을 것이다. 우리는 정신세계의 원리와 원칙을 적극 연구하고 옹호해야 하며, 이와 함께 인간의 모든 경험을 상호 공유하고 비교하는 실제적인 기술도 취할 필요가 있다. 대화의 상대인 인간의 인격적인 깊이에 마음을 열고 성의껏 들으려 하는 태도는 은혜로 부여받은 지식을 겸허하게 받아들이는 것과 맥을 같이한다. 또한 다양한 역사적 발전으로부터 생겨난 상반된 대화 형식의 중첩이나 전통으로부터 좀 더 고차원적인 일치성을 창조할 수 있을 것인가 하는 문제 또한 서구 사회의 장래에 커다란 의미를 지닌다. 사회 · 학술 · 교회 사회의 모든 문제의 해결은 바로 여기에 달려 있다.

현대의 대화 형식

대화가 성공적으로 이뤄지려면 참가하는 사람의 규모와 참가자가 의견 교류를 통해 무엇을 얻으려고 하는가 하는 점이 무엇보다도 중요하게 작동한다. 단지 몇 안 되는 사람과 테이블에 둘러앉아 대화를 나누려고 하는가, 좀 더 많은 사람을 대상으로 대화를 이끌어가야 하는가, 아니면 대규모 공식 회합에서 참가자에게 발언의 기회를 주려고 하는가 등을 구별하는 것은 기본적으로 중요하다. 또한 대화를 나눌 사람들이 근본적으로 서로 평등한 처지에 있고 생각과 실천 행위에 관련성이 있는가. 다시 말해 그들은 '서로 협력해' 어떤 문제를 두고 성실한 대화를 나누려 하는가, 그리고 의견이 다른 사람들과의 대화, 후배와의 대화, 무엇인가 배우고 싶어 하는 사람과의 대화가 가능한가 하는 점들을 처음부터 철저히 고려하지 않으면 안 된다. 그러므로 무슨 대화든 시작하기 전에 주어진 상황과 과제에 대해 어떠한 대화 형식이 적당할지를 충분히 생각해두어야 한다.

따라서 우리는 대화로 의견을 교류하려는 회합을 시작하기 전에 어떤 형식의 대화가 맞을까, 또 어떤 식의 특별한 대화 기술이 필요하지는 않을까, 상황에 따라 대화의 리더에게 어떤 인간적인 능력이 요구될 것인가 하는 점을 분명히 밝히지 않으면 안 된다. 대화의 형식은 여러 유형이 섞일 수도 있지만, 여기에서는 아래와 같이 여섯 가지의 유형별 대화 방식을 살펴보기로 한다.

1. 강연과 질의응답(규모와 관계없이 어떤 회합에서도 가능하다)
2. 원탁 대화(테이블에 둘러앉아서 하는 대화)
3. 패널 토의
4. 공개 토론(포럼 등의 형태)
5. 논쟁
6. 직무적 협의

강연과 질의응답

일반적으로 강연 후에 있게 되는 대화를 지칭할 때, '논의 discussion'라는 말로 부르지 않는 편이 좋다. 왜냐하면 많은 경우 청중은 제시된 모든 문제를 자신들이 논의하지 않기 때문이다. 오히려 강연자에게 질문이나 반론을 하고 그 답변을 요구한다. 올바른 의미의 '토론'이라는 대화가 되려면 설령 강연자라 할지라도 전체를 지배하는 역할을 주어서는 안 된다. 논의 대신 질의응답을 하게 되면 강연자는 참가자라는 범주에 있지 않고 청중과 마주해 대항적인 사람이 되어, 크든 작든 하나의 권위적인 입장에 서게 된다. 그리하여 그것은 토론도 아니고 논의도 아니게 된다.

비교적 소규모의 회의에서는 우선 하나 혹은 두 개의 문제를 모두가 함께 논의하는 방법을 취할 것이다. 이어 남아 있는 문제에 대해서는 결론적으로 답변할 기회를 강연자에게 줄 수가 있다. 이처럼 논의와 질의응답의 혼합 형식을 채택할 때는 회의의 사회자가 대화가 시작되기 전에 사람들의 관심을 불러일으킬 만한 일반적인 주요 문제와 부차적인 문제들을 구별할 수 있어야 한다. 하지만 제시된 최초의 문제가 크든 작든 간에 중구난방으로 빠져들면 계획대로 진행하기가 쉽지 않다. 따라서 회의에 참여하는 사람들은 어떤 관점에서 대화를 나눌 것인가를 짧은 말로 명료하게 피력할 수 있어야 한다. 이와 같은 방법을 사용하는 것은 사람이 많은 데서는 부끄러움을 타 깊이 있는 대화는 할 것 같지 않던 참가자도 토론을 위한 제의를 할 수 있게 된다는 장점이 있다.

사회자는 제기된 여러 가지 문제를 빠뜨림 없이 모아서 메모한 다음, 그 문제 중 하나를 골라 대화의 출발점으로 삼는다. 그리고 사회자는 그 문제를 제기한 사람에게 상세하게 그것을 전개해달라고 부탁한다. 그다음에 이 문제를 중심으로 자유로운 대화가 진행된다. 이처럼 최초에 다루어질 문제가 바르게 선택되어 중심적인 문제점이 나오게 되면, 대개의 경우 그것과 관련해 행해지는 대화에서 그 밖의 많은 문제도 함께 다루어지게 된다. 또한 다룰 수 없었던 나머지 문제는 마지막 결론으로서 강연자의 일방적인 답변에 맡기는 것이다.

본격적인 대화가 진행되고 있을 동안에는 강연자도 다른 참가자와 마찬가지로 거기에 가담하지 않으면 안 된다. 하지만 그는 다른 몇몇 사람이 이야기하고 난 뒤에야 비로소 자기 의견을 말해야 할 것이다. 그렇지 않으면 진정한 대화가 이루어지기도 전에 강연자가 말을 독점하거나 권위로 참가자들을 압박할 위험이 생기는 것이다. 큰 규모의 강연에서 이루어지는 성공적인 대화는 참가자 중에서 뽑힌 몇 명의 발언자가 차례로 연단에 나와 토론함으로써 그런대로 가능할 수 있다. 이 방법을 이용할 수 없을 때는 참가자들의 질문이나 반론 등을 강연자에게 제출하고 답변을 듣는 것으로 그치는 것이 좋다.

이해하기 어려운 내용의 강연이나 그런 식의 대화에 익숙하지 않은 사람들의 회합에서는 용어 설명이 특히 어려운 문제로 대두된다. 이를 성공적으로 수행하기 위한 가장 중요한 전제는 회합에 임하는 사회자의 마음가짐과 그 태도이다. 그는 참가자들의 입장, 특히 자신의 문제점을 분명히 파악하고 있지 못한 사람들의 처지를 잘 살펴야 한다. 그들이 안고 있는 문제가 강연자에게 바르게 전달되도록 노력하는 것이 사회자

의 의무이다. 사회자는 누구나 알아들을 수 있는 쉬운 말로 강연 내용을 요약하고, 미처 제기되지 않았다고 생각되는 문제점을 계속해서 밝히는 등, 자신의 임무에 충실해야 한다. 참가자가 처음에 전혀 입을 열려고 하지 않을 때, 사회자는 자신이 먼저 질문하든가 아니면 참가자 일부에게 미리 부탁해 질문하게 할 수도 있다. 여기서 중요한 것은 최초의 질문은 참가자의 이해 능력에 적합하고 또 그들의 관심 분야 안에서 제기되어야 한다는 점이다. 만약 사회자가 강연자와 학문적인 논의를 시작하거나 그가 제기한 문제에 대해 참가자의 반대파에 가담하거나 또는 자기는 정답을 조금쯤 알고 있다는 것을 강연자와 참가자에게 넌지시 암시하는 듯한 질문을 한다면, 이 사회자는 윤리적으로도 옳지 않고 기술적으로도 미숙하다고 봐야 한다.

사람이 아주 많이 모인 집회에서 사회자는 인격적인 감화력을 발휘해 청중 스스로 대립적인 의견도 냉정하고 객관적인 태도로 받아들이도록 마음을 써야 한다. 특히 사회자의 인간적 기질이 참가자에게 어느 정도 알려져 있다면, 자신이 공평한 입장임을 분명히 하기 위해 대립적인 의견을 피력하는 사람에게 친밀한 감정을 보임으로써 대화를 효과적으로 진행할 수 있을 것이다. 만약 집회가 고성이나 야유, 찬성 또는 반대의 의견 발표로 인해 압도적으로 어느 한쪽에 치우친 상황인 경우, 사회자는 설령 그 자신이 마음으로는 다수파와 같은 의견일지라도 여하한 형태의 압박에서 벗어나 소수의 반대파를 옹호한다는 절대적인 의무를 져야만 한다. 참가자들 사이 대립이 격화되어 이러한 객관성이 위기에 처하게 되었다면, 사회자는 참가자들을 향해 자중을 요청할 수 있어야 한다. 만약 그가 특정 상황 때문에 그렇게 할 수 없는 처지라면, 강제적인 방법이 아니라 어떻게든 집회 참가자들의 동의를 얻어 혼란 수습에 나서야 마땅하다. 그렇게 함으로써 사회자는 참가자의 의지를 거스른다느니, 어떠어떠한 의견은 다루려 하지 않는다느니 하는 의혹에서 벗어날 것이다. 또한 사회자가 천부적 유머 감각을 지녔다면 극히 곤란한 상황에서조차도 충분히 극복할 수 있을 것이다. 특히 용어 설명에 시간을 허비한다든가, 지루할 정도로 장황한 이야기를 늘어놓아 대화 시간이 제약받게 된다든가, 아니면 어떤 발언자에게 발언을 중지해달라고 요청하게 될 때, 유머는 매우 중요한 역할을 한다.

주어진 시간을 대부분 용어 설명에 소비하지 않으면 안 될 모임에서는 미리 짜놓은 질의응답 형식을 활용할 수 있다. 요점을 메모한 종이를 참가자에게 기명으로 제출하도록 한다. 강연이 끝나고 함께 대화를 시작하기 전 잠깐 휴식 시간을 갖고 그사이 토론 주제와 발표 순서 등을 점검한다. 이런 조처를 함으로써 많은 사람이 참가하는 회합에서 흔히 일어날 수 있는 위험, 즉 무의미한 소리를 지껄이는 참가자를 손쉽게 자제시킬 수 있다. 영향력 있는 참가자가 종종 공개적이고 자유로운 대화에서 잘난 체를 해 분위기를 크게 방해한다면, 무의미한 소리를 지껄이는 사람들 역시 작은 형태로 방해하는 셈이다. 이러한 방해 요소를 제거하고 대화를 바른 궤도에 올리는 것이야말로 모든 집회에서 사회자의 가장 중요하면서도 눈에 잘 띄지 않는 임무다. 그 임무를 달성하기 위해서는 숙련과 선의(善意), 과단성이 요구된다.

원탁 대화

테이블에 둘러앉아서 하는 대화는 토론의 본연적인 형식이다. 그것은 대개 인원이 12~13명 정도의 회합에서 가장 손쉽게 할 수 있는 대화 방법이다. 그러나 60명 내지 70명의 매우 규모가 큰 집회에서도 이용할 수 있다. 그러기 위한 외적인 전제 조건으로는 참가자 모두 서로 얼굴을 볼 수 있고 가능하다면 원형으로 앉는 것이 필요하다. 원탁식 대화의 특징은 강연 후의 대화와 같이 강연자가 하는 말과 참가자의 의견이 대결하는 것이 아니라, 어떤 문제를 둘러싸고 상호 간에 효과적인 자극을 받기도 하고 사상적으로 계발되기도 한다는 목표 아래 공동의 문제를 깊이 생각한다는 점에 있다.

원탁식 대화에서 가장 중요한 것은 그 대화가 진행되는 분위기다. 이 분위기는 자연스럽게 무르익어 상호 어색함 없이 친애의 정이 넘치고, 또한 남보다 먼저 선수를 치려는 경쟁심과 초조함에서 해방돼 있어야 한다. 그것은 특히 전체의 정신적 교류를 목표로 하는 원탁식 대화에서 중요한 요소가 된다. 업무와 관련한 문제 해결을 목적으로 하는 대화는 활달하게 진행해야 하겠지만, 여유를 가지고 차분히 주제에 관해 생각해야 하는 대화에선 참가자가 토의 내용이 매우 조잡하게 처리되었다고 느끼게 해서는 안 된다. 그러나 그런 사람이라도 업무 회합에서는 문제를 척척 처리하고 뛰어난 솜씨로 결정하는 지도자상을 의장에게 기대한다. 어쨌거나 원탁식 대화에서 사회자는 질서가 어지럽혀지지 않는 한 회합의 배경에 머무르는 사람으로서, '골대를 향해 슈팅을 날리는 사람'은 사회자가 아니라 참가자 전원이라는 느낌을 사람들이 가지도록 노력해야 한다.

인원이 많지 않은 원탁식 대화에서는 참가자 전원이 적어도 한 번은 발언하도록 유도해야 한다. 사회자는 상냥한 태도를 잃지 않는 한, 별로 발언하지 않는 사람에게 용기를 북돋아주거나 장황한 이야기로 시간을 끄는 사람의 발언을 중지시켜도 무방하다. 그것이 상대방을 모욕하는 행위가 되지 않을까 걱정할 필요는 없다.

일반적으로 자신의 발언이 다른 사람에게 방해가 되고 있다는 사실을 자각하지 못하는 둔한 신경의 소유자는 사회자로부터 올바른 대화의 방법을 지적받더라도 비교적 솔직하게 받아들이려고 하지 않는다. 그러나 만약 그렇지 않다고 하면 그때야말로 참다운 대화의 방법을 배우기 위한 최적의 때인 것이다.

당연한 전제이지만 사회자 자신이 대화를 독점해서는 절대로 안 된다. 사회자도 자기의 입장이 있기에, 자신의 의견을 실컷 말하고 싶은 유혹에 빠질 수 있다. 만약 다른 사람들이 한창 이야기를 나누고 있는데 사회자가 너무 자주 이야기에 끼어들면 그는 결국 대화를 나누고 싶어 하는 참가자들의 기대를 여지없이 짓밟아버리는 것이 되고 만다. 그리고 참가자들도 본능적으로 그의 발언에 좋지 않은 감정을 품게 될 것이다. 물론 사회자라도 때로는 참가자의 한 사람으로서 발언할 수 있고, 또 그 자신의 견해를 가지고 대화에 가담해도 무방할 때가 있다. 그러나 어떤 경우라도 결코 다른 참가자보다 많은 이야기를 해서는 안 된다. 그는 또한 그와 같은 행위를 할 필요가 전혀 없다. 왜냐하면 사회자가 생각하는 중요한 관점은 이미 참가자들의 대화 속에 들어 있으며, 핵심적인 이야기는 대화에 참여한 사람의 발언에서 충분히 도출되기 때문이다. 사회자는 무엇보다도 하나하나 개별적인 토론의 과정과 그 성과를 종합하는 사람이며, 그가 대화 진행 중에 자신의 의견을 삼가면 삼갈수록 참가자들은 모든 대화를 마지막으로 종합하는 사회자의 발언에 귀를 기울일 것이다.

오랜 시간에 걸쳐 대화의 훈련을 쌓아온 사람들의 회합에서는 전체를 이끄는 사회자의 역할이 차츰 불필요해진다. 왜냐하면 발언자들은 자기가 하는 발언이 때때로 궤도를 벗어난다든가 주제와는 거리가 먼 이야기로 전개되려고 하면 스스로 얼른 그것을 알아차리기 때문이며, 또한 말수가 적은 사람일지라도 자기 의견을 피력할 용기를 가지고 있기 때문이다. 질서에 따른 대화의 훈련은 인간이 상호 간의 문제를 이해하는 방식과 그 교육에 있어 최상의 방법 중 하나이다.

패널 토의

패널 토의panel discussion는 매우 많은 사람이 참가하는 회합에서 (몇몇 사람이 단상에 올라가) 공개 토론 방식을 이용해 하나의 주제를 다루는 데 목적을 둔다. 청중은 패널들의 서로 다른 견해나 사고방식을 비교하며 자신의 판단에 도움을 받게 된다. 따라서 단상에서의 공개적인 대화는 단에 올라가 있는 패널들의 의견 소통이 제일의 목적이 아니다. 오히려 청중에게 자기 의견을 명확하게 밝혀야 한다. 그러나 연단에서 이야기를 나누는 사람들은 청중에게 종속되는 것이 아니라 패널 상호 간에 대등한 대화자여야 한다. 그들은 서로 이야기를 나누고 있는 동안에는 패널 토의의 본래 목적을 잊어버리게 되는데, 그럴 때라도 대화를 듣고 있는 청중이 이해할 수 있는 말로 토론해야 한다. 바로 여기에 이 대화 방법의 근본적인 어려움이 존재한다.

패널 토의의 준비를 위해 단상에 의자를 반원형으로 줄지어 놓는다. 이야기를 나누는 사람들이 서로 바라볼 수 있도록 하기 위해서이며, 동시에 그들의 대화 내용이 청중에게 잘 전달

될 수 있도록 하기 위해서다. 또한 패널들은 사전에 만나서 서로 충분히 상의할 필요가 있다. 토론의 중심이 무엇인가를 분명히 하고, 대화를 어떻게 시작할 것인가 등에 관해 의견을 종합해두어야 한다. 그것은 패널 자신의 관심을 불붙게 하는 동시에 청중의 관심을 불러일으킬 수 있도록 기획되어야 한다.

패널 토의는 실질적으로는 테이블에 둘러앉아서 하는 원탁식 대화와 마찬가지 방식으로 진행된다. 이 대화 형식의 곤란한 점은 연단에 자리 잡은 사람들이 간결한 대화법으로 자기들끼리 서로 이야기를 나누다 보면 자칫 청중을 향해 강연하게 되는 경향이 생긴다는 것이다. 이런 사태가 발생했을 때는 상호 간 대화의 '주고받음'이 활발해지도록 사회자가 침착한 태도로 그 사람의 장황한 이야기를 중지시켜야 한다. 패널 토의에서는 확실히 일종의 극적인 효과가 필요하다. 그러므로 사회자는 미리, 패널을 선정할 때 그들이 상반된 입장을 효과적으로 주고받을 수 있는지 잘 살펴야 한다. 단상 위의 대화가 최고조에 달했을 때 청중을 대화에 참여시키는 방법도 있다. 그럴 때는 청중 속의 발언자와 단상에 앉은 사람이 교대로 문답을 주고받는 것이 가장 좋다. 이런 경우 패널 토의는 포럼 형식이 되는데, 그에 관해서는 다음 파트 '공개 토론'에서 서술하기로 한다.

패널 토의는 일반적으로 사회자가 단상의 패널 전원에게 자신의 견해를 요약해 마지막으로 청중에게 전달하게 함으로써 끝을 맺는다.

공개 토론

포럼forum이라 불리는 공개 토론에서도 5명에서 8명 정도의 인원이 단상에 앉는다. 그러나 그들은 처음부터 자기들끼리 대화를 나누지 않고 청중이 제기하는 질문에 번갈아가며 응답한다. 따라서 포럼은 전형적 의미의 대화나 토론과는 거리가 있다. 여기에서는 청중이 제기하는 질문에 단상의 사람들이 교대로 응답하는 것이 주목적이 된다. 우리는 이 대화의 형식을 다음과 같은 때에 활용할 수가 있다. 즉, 전문가 단체라든가 관청의 직원, 교회나 학교 관계자, 또는 기업 등의 관계자로부터 특정 문제의 영역에 관해 전문적인 발언을 들을 경우이다.

공개 토론의 목적은 참가자의 다수를 점하고 있는 시민과 사회의 특정 분야에서 종사하는 남녀 전문가 사이에 유대를 갖게 하는 데에 있다. 청중은 이러한 때가 아니면 쉽게 나올 수 없는 집중된 형태로 자기의 근심이나 의혹, 소원, 비판 등을 말할 수 있어야 하고, 전문가의 견해를 직접 접할 기회를 가질 수 있어야 한다. 한편 단상에 앉은 사람들은 청중이 어떻게 생각하고 있는가를 색안경 없이 판단할 능력의 소유자여야 한다.

그러므로 포럼에서는 우선 '청중과 전문가'라는 두 종류의 사람들 사이에 어떠한 일에도 구애됨이 없이 터놓고 이야기할 수 있는 대화의 다리가 놓이게 된다. 이때 가장 중요한 것은 사회자가 구사하는 언어의 심리학적 숙련이며, 또한 청중으로부터 제기되는 최초의 발언과 그에 대한 전문가의 적절한 응답이다. 회합의 시작부터 인간관계에서 오는 경직 상태는 극복되어야 하고, 관료적이며 행정적인 억압 본능은 불식되지 않으면 안 된다. 이런 종류의 대화를 지도하는 데는 유머가 특히 중요하다.

의견이 대립할 때는 명쾌한 조처가 취해지지 않으면 안 된다. 또 일반적인 관심을 불러일으킬 수 없는 개별적인 질문은 짧은 지시로 그치고, 그 처리는 회합이 끝난 후의 개별적 토론에 맡기는 편이 바람직하다.

포럼 형식의 대화가 질서 정연하게 이뤄져 단상에 있는 사람들뿐 아니라 청중 역시 이러한 상호 의견 교류에 익숙해질 때, 이것은 바로 행정 · 교회 · 학교 또는 경제적인 영역 등에서 관료주의적 상의하달이라는 악폐를 극복하는 데 결정적인 공헌을 하게 될 것이다.

논쟁

방법론적으로 훈련된 현대의 대화 기술에 있어서 논쟁debate과 토론discussion은 면밀하게 구별되지 않으면 안 된다. 물론 장소와 경우에 따라 바르게만 사용된다면 이 양자에는 각각 그 나름의 장점이 있다. 그러나 이 양자가 혼동되면 대화는 결국 실패로 끝나게 될 것이다. 만약 우리가 어떤 문제를 모두가 함께 해결하기 위해 모임을 열었다가 뜻밖에 심하게 논쟁하게 된다면 그것은 실패다. 논쟁이란 싸움이며 서로 자기의 정당성만 주장하는 것이기 때문이다.

당파적인 논쟁에서는 어느 한 그룹의 대표자가 자기들의 주장을 고수하는 대신 돌변한다든가 어떤 수완을 발휘해 반대자들과 한패가 돼버린다면 그야말로 처참한 상태라고 할 수 있겠다. '논쟁하다 debattieren'는 독일어로는 '상대방을 누르고 이긴다'는 뜻이고, '토론하다 diskutieren'는 '서로 뒤섞여서 잡고 흔들다'라는 의미다. 따라서 논쟁이 한쪽 편의 승리를 바라는 것이라면, 토론은 여러 가지 다른 발언을 하나의 보다 고차원적인 합의로 종합시키는 것을 말한다.

토론에 대한 많은 사람의 혐오, 특히 교회 교인들의 혐오는 대부분 토론이 탈선해 논쟁으로 변하는 것을 우려하는 점에 그 이유가 있다. 확실히 그렇게 되면 대화의 성과는 아무것도 없게 된다. 특히 조용히 이야기를 듣고 싶어 하는 사람들 앞에서 격렬한 논쟁이 벌어지기라도 한다면, 그 대화는 공동의 새로운 지식으로 사람들을 인도하지도 못할 뿐 아니라 자기들과는 다른 사고방식을 가진 사람으로부터 깊이 배우지도 못하게 된다. 논쟁에서 패배한 그룹은 자기들의 입장을 더욱 고집해 공개적인 토론에서 밀린 현실을 보다 더 그럴듯하게 은폐하려고 애쓴다. 패배한 그룹은 자기들만 남기가 바쁘게 '이렇게 말했더라면 좋았을 것'이라며 논거(論據)를 복기한다. 그래서 그들은 본래부터 가지고 있던 의견에 더욱더 집착하게 된다.

따라서 논쟁은 원칙적으로 정신적인 문제를 공동으로 해결한다거나 사람들에게 어떤 확신 혹은 공동 작업의 과제를 부여하는 따위의 대화에는 적당한 방법이 못 된다. 그렇다고 대화라는 것이 격렬해져서 극적으로 될 경우 전투적인 성격을 가질 수가 있고 때에 따라서는 그래야 한다는 것을 부정하는 것은 아니다.

토론이 논쟁으로 변해버리는 이유는 어떤 확신을 강하게 주장하기 때문이 아니라, 상대방의 말을 진지하게 받아들이고 그럼으로써 자기 신념을 대화의 움직임 속에서 검토하려는 유연한 마음이 부족하기 때문이다. 토론할 때는 대화 속에서 서로가 배우고, 의견이 다른 사람의 바른 견해를 거부만 할 것이 아니라, 툭 터놓는 마음으로 승인할 마음의 준비가 서로에게 필요하다. 상대방을 설득하려는 마음의 준비와 상대방에게 설득당하려는 마음의 준비가 균형이 잡혀 있어야 한다.

이 마음의 준비는 논쟁에 참여한 사람 모두에게 일괄적으로 적용되는 것은 아니다. 논쟁에서는 서로 자기 입장을 관철하는 것, 또는 지지 세력을 획득하는 것에 전심전력하게 된다. 서로 싸우는 한쪽 편 당파의 대표자가 자기 관심사에 유익한 관점을 전면에 부각하고자 논적의 중요한 반론을 배후로 밀어붙이려고 할 경우에도 논쟁이 타락했다고는 아직 말할 수 없다. 왜냐하면 여전히 진리에 구속될 가능성이 남아 있기 때문이다. 자기 자신을 대변하기만 하는 것과 논쟁에 참여하는 것은 전혀 별개의 문제이다. 만약, 논쟁이 진리를 찾는 데 봉사한다면, 양쪽 당파가 모두 자기에게 불쾌한 상황이 벌어지거나 기존의 주장과 다른 결론이 나와도 이를 받아들일 가능성은 늘 열려 있다.

어떤 의미로 보면 이것은 두 개의 정당이 공식적으로 권력을 둘러싸고 싸우는 정쟁(政爭)과 비슷하다. 정적(政敵)이 필시 상대 당에 대한 배려 없이 그들의 입장에 도움이 되는 것만 전면에 내걸고 있을 때, 정치가에게 완전히 마음을 터놓고 대화하기를 바라는 것은 부당한 요구이리라. 물론 의원들도 공개적인 마당에서 정견을 발표하기 전에 우선 그것을 검토하고 다듬을 수 있는 참다운 대화를 갖지 않으면 안 된다. 그 때문에 의회에는 비공개 위원회 제도를 둔다. 여기에서 정치적으로 의견을 달리하는 사람도 자유롭게 서로 대화를 나누고 공동으로 문제의 해결을 모색하는 것이다. 다시 말하면 의회에서는 대개 전체 회의에서보다는 각 위원회에서 더 많은 대화가 이루어진다. 의회에서 각 정당은 유권자의 지지를 얻어 보다 많이 활동할 수 있는 상태를 만들기 위해 애쓴다. 그러나 비공개 위원회에서는 첫째로 여러 가지 사태에 대한 최선의 가능한 조처를 공동의 인식에서 찾으려고 하는 과제가 문제가 된다.

모든 자유로운 민주주의 체제에서는 논쟁과 토론이라는 두

가지 대화 형식이 언제나 제각기 그 나름의 역할을 다하지 않으면 안 된다. 논쟁, 즉 당파 간의 권력 투쟁을 거부하는 사람은, 건강한 논쟁이 권력 기구의 작동을 추동한다는 사실과 권력을 획득하려는 일군의 노력 속에 논쟁이 불가분하게 결부되어 있다는 사실을 간과하고 있다. 민주주의 체제에서 고도로 발달한 논쟁을 육성하는 일은 매우 중요하다. 단지 논쟁이든 토론이든 가장 적절한 환경 속에서 이뤄져야 함은 물론이다.

일반적으로 논쟁은 펜싱과 같이 두 사람이 맞섬으로써 시작된다. 논쟁자 본연의 논쟁 기술은 상대방의 논리적 약점을 공략하는 데 있다. 만약 상대 논점의 열 가지 중에서 아홉 가지가 정당하다는 것을 미리 알고 있을 때, 그와 논쟁하는 사람은 논쟁의 초점을 불안정한 열 번째 문제에 집중시켜야 한다. 그는 될 수 있는 한 다른 아홉 가지 문제에 대해서는 언급하지 않도록 해야 한다. 설령 그 자신의 입장이 매우 허약하고 그 때문에 아무런 결정적인 견해를 기대할 수 없는 경우라 할지라도, 상대의 약점에 논쟁의 초점을 집중시킴으로써 상대가 서 있는 기초도 역시 박약하고 그 때문에 적어도 이 점에 대해서는 상대방이 자기보다는 올바르지 않다는 사실을 실증하는 데 힘써야 한다.

그런데 이와 같은 논쟁 전략은 사회적인 문제가 시합의 형식으로 해결되지 않으면 안 될 경우라면 부당한 방법이라고 말할 수 없다. 이때는 논쟁 원칙이 양쪽 당파에서 미리 정해진다. 논쟁자는 서로 맞서 사회적인 시합장에 올라야 하는 선수가 된다. 그들이 이 시합을 위해 미리 결정한 규칙에 따라 논쟁 시합을 할 때, 이 대결은 공정한 것이다. 그 규칙은 서로가 상대방을 몰아치기 위해 일정한 범위에서 기교를 부리고 또한 그것을 서로가 눈감아주는 것을 배제하지는 않는다. 그러나 비도덕적이거나 규칙에 어긋나는 수단을 사용하는 것은 허용될 수 없다. 따라서 상대방을 모욕하는 행위나 허위, 온갖 불법적인 수단을 사용하면 논쟁 기술에 대한 위반으로 처벌당하게 된다.

논쟁이 침착하고 질서 있게 전개되지 못하고 이성을 잃은 무질서한 상태가 된다면 그것도 역시 논쟁 기술 위반이다. 그것은 논쟁자들이 상대방을 제압하려는 전투에 집중한 나머지, 고차원적인 하나의 목적, 즉 사회의 질서에 봉사해야 한다는 것을 망각했을 때 일어난다. 그러므로 상대에 대한 인간적인 경의를 잃지 말아야 하는 점이 논쟁의 기술에 포함된다.

정치에서 여당과 야당이 서로를 인정하는 것이야말로 자유로운 사회 질서를 위한 본질적인 전제다. 스포츠와 같은 시합에서 서로 싸웠던 사람들이 나중에는 굳은 악수를 나누는 것처럼, 법정이나 국회나 경제적인 이익 다툼에서도 대립하는 이들도 서로가 상대를 그 기능과 위탁에 있어 승인할 용의를 가지고 있어야 한다. 그렇게 이해한다면, 기세를 잡거나 자기주장을 목표로 하는 노력과 진리와 사랑을 목표로 하는 노력이 서로 모순될 필요가 없다. 또한 이들이—논쟁의 기능에 있어서건 아니면 대화의 기능에 있어서건—그때그때의 사정에 따라 서로 다른 대화 스타일을 보이거나 다양한 논법을 사용하더라도 그것은 하등 부정직한 행위라고 할 수 없다.

그에 반해, 대화인지 논쟁인지 모를 정도로 뒤죽박죽으로 만드는 것은 부정직한 행위가 될 수 있다. 그것은 대화자가 실제로는 오로지 자기의 관심과 이데올로기만을 옹호하려고 하면서, 외양으로는 마음을 터놓고 대화하는 척할 때 발생한다. 대화와 논쟁의 혼합은 통상 폭력적인 프로파간다의 대표자에 의해서 가장 많이 자행된다. 그들은 온갖 수단으로 어떤 특정 집단에 그들이 소속되어 있다는 사실을 숨기려 한다. 마치 그들이 이익 때문이 아니라 오로지 진리와 정의에 봉사하려고 하는 것 같은 모양새를 보인다. 그들은 외적으로는 대화인 척하면서 논쟁으로 변질시킨다.

만약 그들에게 그 당파나 그들이 집권한 국가의 부정적인 면을 지적하려 하면, 그들은 논점을 흐려 상대의 공격을 교묘히 빗나가게 만든다. 오히려 상대 진영의 불행한 사건이나 상황을 고의로 언급하거나, 자극적인 선동으로 자유주의 사회의 공공연한 모순을 청중에게 각인시켜 수세에서 벗어나려고 한다. 그리고 결론적으로 적어도 상대측이 결코 그들보다 낫지 않다는 주장을 관철하려 한다. 이같이 제1라운드에서 승패를 모호하게 함으로써 계속해서 공격할 계기를 포착하는 것이다.

논쟁자의 기술, 즉 자기 편의 승리를 목표로 외견상 선입관에 사로잡혀 있지 않은 것처럼 꾸미면서 오로지 대화를 위해 애쓰는 것같이 위장한다면, 언제 어디서라도 그 논쟁 기술은 효과적이기는커녕 오히려 파괴적인 작용을 하게 된다. 사회자는 이와 같은 상황에 대처하는 논쟁 기술도 미리 연구해두어야 한다. 이들의 수법을 간파하고 그것을 파헤치기 위해 노력하지 않으면 안 된다. 때와 장소에 따라서는 문제를 다른 방향으로 돌리려고 하는 상대의 책략을 폭로함으로써, 사실에 입각한 대화로 유도하는 데 성공할 수 있을 것이다.

논쟁의 형식은 사회적인 긴장의 해결뿐 아니라 교육적인 목적을 위해서도 이용될 수 있다. 그것은 특히 대화에 흥미를 보이지 않는 청중 앞에서, 우선 정신적 싸움에 대한 기쁨을 깨우쳐 알게 할 경우에 매우 효과적이다. 여기에서 결국 논쟁은 관중이 정신적인 대결의 시합을 보고 스스로 활동하고 싶어 하는 일종의 스포츠 같은 역할을 할 수 있다. 또한 서로 다른 입장을 분명하게 해둘 필요가 있거나, 주어진 문제를 명확하게 나열하기 위해서도 논쟁의 형식은 유용하다. 그러나 이는 논쟁의 방법적 · 교육적 목적—즉, 문제를 환기하는 것—이 달성된 순간 곧바로 대화로 전환해야 한다. 그다음 과정은 제출된 문제를 공동으로 해결하는 것이다. 그것은 논쟁이 아니라 대화여야만 한다.

직무적 협의

현대의 모든 조직에서는 지금까지 살펴본 대화 스타일의 혼합 형식이 가미된 집단적 대화가 자유자재로 사용되어야 한다. 이 혼합 형식은 대화 참여자들이 대등한 권리를 가질 때는 그다지 필요치 않다. 오히려 권력적 상하관계 속에 처한 이들이 모여 문제를 함께 해결하려 할 때 유용하다.

현대사회의 모든 조직 구조에는 인정되는 지위가 존재하고 그에 따른 여러 가지 사정이 고려되지 않으면 안 된다. 전혀 아무것에도 구애받지 않고 솔직한 마음으로 격의 없이 나누는 의견 교류가 사정에 따라서는 안 그래도 곤란한 지위에 있는 사람들을 더욱 곤란하게 만들고 그 지위와 기능을 위험스럽게 하는 일까지 있다. 그렇기에 이러한 대화는 단지 말하는 권리뿐 아니라 특별한 이유로 인해 또한 침묵하는 권리를—때에 따라서는 한쪽을 편드는 개개의 참가자에게—허용할 때만 성과를 기대할 수 있다. 예를 들면 이와 같은 대화에서 어떤 특정한 인물이나 특별히 좋지 않은 사항에 대해 비판이 행해진다면, 그 대화는 설령 주제에 있어 중요한 것일지라도 의

사(議事)의 프로그램에서 제외시킬 필요가 생긴다. 이런 조처는 그것을 논해보아야 유익한 점이 조금도 없을 때 정당성을 가진다.

사회적 공동체(예를 들면 하나의 기업)에서 성격이 다른 부처별 합동 회의에서, 개개의 부처는 항상 적정 수준으로 자신이 속한 부처의 이익을 대표한다. 그렇게 하는 것이 그들 부처의 기능을 강화하는 데에도 필요하다. 경영의 지도 기관도 종속적 노동 단위와 마찬가지로 어느 정도까지는 자기들의 의도를 간파당하지 않기 위한 정당한 이해관계를 가지고 있다. 그것은 어쩌면 대화에 응하는 태도와는 모순되어 보인다. 대화를 나누고자 하면서 공동의 선을 말하지 않고 특정 이익을 대표하거나 자기의 속마음을 감춘다면 사실 대화하는 게 아니라 논쟁하고 있는 것이다. 그러나 그와 같은 발언자들이라 하더라도, 동시에 공동으로 제기된 문제를 공동의 사고 과정을 거쳐 해결하기를 바란다면 큰 문제는 없다. 부처의 이익을 대변하면서도 동시에 함께 대화하고 서로 들으며 상호 보완함으로써 공동의 해결점에 도달하게 되는 것이다.

직무적 협의에서는 두 가지 사항이 동시에 필요하게 된다. 우선 이미 존재하는 권력 시스템, 관할권, 그리고 그것과 관계된 정당한 권리를 인정하지 않으면 안 된다. 그와 동시에 상대가 하는 말에 귀를 기울이는 마음가짐과 속마음을 점점 더 열어 보이려는 노력도 필요하다. 모든 관련자가 일종의 통찰력과 인간적인 성숙함을 보여야 한다. 직무적인 협의에서 협동 작업이 성공하려면—이것은 세상의 본성에 속하기 때문에—모든 문제를 다 해결하지는 못한다는 마음 자세를 가져야 한다. 사랑의 힘, 기교와 성실, 상하관계와 인간의 평등에 대한 고려와 같은 것들이 서로 결부되어 있지 않으면 안 된다. 그리고 동시에 이 긴장 관계에 만족하지 않고 협동 작업의 끊임없는 개선과 더 많이 개방적인 대화를 창조해내는 것이 필요하다.

직무적 협의의 사회자는 좌장(座長)으로 그 역할을 다해야 하며, 신뢰성 넘치는 대화가 진행되도록 조언자의 역할도 정직하게 완수해야 한다. 이 과제를 해결하기 위해서는 무엇보다도 바른 방식의 대화를 바른 장소에서 수행하는 것이 중요하다. 만약 좌장이 그 권위에 기대 자기 생각을 너무 급하게, 강하게 내세운다면, 회의 참여자들에게 기대할 수 있는 것은 좌장의 생각에 동의한다는 정도가 다일 것이다. 직무적 협의의 본래 목적은 미리 설정된 의안에 대한 다양한 관점을 검토하고 확인하는 것이다. 그러므로 종속적인 자세로 의욕을 잃고 주저하는 모습을 보인다는 것은 대화에 해가 된다. 회의 참여자에게 설령 비판받을 여지가 있는 경우라도 자신의 의견 피력이 환영받는다는 느낌을 주어야 한다. 만약 좌장이 각 의견에 감정적인 반응을 보이고 더욱이 그 자신의 제안을 너무 빨리 내비친다면, 참가자들은 설령 좋은 의견이 있더라도 좌장의 눈치를 보느라 주저하게 될 것이다. 그런 경우 직무적 협의가 끝난 후 좌장은 의견 취합에 성공한 좋은 회의로 여기겠지만, 실상 참가자들은 썩은 미소로 보스의 결정을 지켜보고 있었던 것에 지나지 않는다.

한편, 좌장이 자기 의견이나 의도를 참가자들에게 공개적으로 알리는 것에 두려움을 느끼는 사례도 있을 것이다. 아마 그는 직무적 협의에서 여러 사람의 공세에 당할지도 모른다거나 반대 세력에게 휘둘릴 것이라는 예감에 사로잡힐지도 모른다. 그런데 이러한 상태는 거의 모두 그 이전에 스스로 범한 실수의 결과이다. 즉, 그 좌장이 고삐를 놓치자 다른 사람들이 그것을 꽉 쥔 채 호락호락 놓으려 하지 않는 지경이 된 것일 수도 있고, 아니면 좌장이 모든 것을 혼자 결정해왔기에 참가자들은 의견이 진지하게 받아들여지지 않는다고 여겨 기회가 주어지기가 무섭게 집단적으로 반대하는 것일 수도 있다. 그 결과 좌장은 더욱더 독단적으로 결정하게 되는 사태에 내몰리게 된다. 그러고는 온갖 직무적 협의는 쓸데없는 잡담에 불과하다고 불평하게 되는 것이다.

이러한 상태를 개선하려면 우선 참가자들과의 신뢰 회복에 나서야 한다. 동시에 개별 참가자들에게 주어진 자격과 역할을 인정해주는 것이 중요하다. 문제 해결은 개별적 또는 집단적 대화를 통해 이뤄질 수 있다. 중립적인 대화 지도, 산업 심리학자 또는 그 밖의 전문가에게 조력을 받는 것도 바람직하다.

직무적 협의에서는 사전 준비가 가장 중요하다. 임무를 맡은 책임자에게 명료하게 짜인 의사일정을 제공해 절박한 여러 문제에 관해 미리 숙고할 기회를 주어야 한다. 협의에 앞서 미리 연구하고, 올바른 판단을 내리기 위해 관련 자료를 충분히 검토해야 한다. 그리고 좌장은 주요 쟁점에 관해 사전에 개별적인 협의를 거쳐 방향성을 명확하게 해두어야 한다. 그렇지 않으면 직무적 협의에서 그는 발목을 잡히든가 아니면 주제와는 거리가 먼 사안들을 다루느라 시간을 허비하게 된다. 결국, 좌장의 권위는 위태로워진다.

직무적 협의는 중요한 반론을 억압해선 안 되고, 또 구김살 없이 활발하게 진행되어야 한다. 활동적인 참가자들은 자기들이 발전한다는 생각과 불필요한 시간 낭비 없이 협의의 분명한 결과를 얻을 수 있다는 신념을 가져야 한다. 협의를 마무리하기 전에 좌장은 여러 가지 의견을 종합해—자신이 내린 결정이든 투표에 의한 결정이든—합의를 이끌어내도록 노력해야 한다. 가능하다면 미리 적절한 타협의 형태를 제의함으로써 참가자가 일치된 결정에 도달하도록 준비해두어야 한다. 또 가능한 한 모든 참가자는 설령 자기 의견이 충분히 받아들여지지 않았을 경우라도 그 대화를 통해 전체적인 결정에 영향을 미쳤다는 마음을 가져야 한다.

대화의 방법론

사회자의 역할과 자세

대화 교육에서 가장 중요한 점은 사회자가 '참가자와 더불어 모두가 이웃과 같은 대등한 관계'라는 의식을 가져야 한다는 것이다. 이런 윤리적인 요소가 대화의 방법을 성공시키는 전제가 된다. 사회자는 마치 자기가 다른 참가자들보다 상위에 있다는 듯한 인상을 주어서는 안 된다. 그는 무엇보다도 대화 그룹으로부터 내면적으로 멀어져가고 있는 소극적인 사람들에게 의견을 발표할 용기를 북돋아주어야 한다. 대화의 사회자는 그룹 전체 구성원들이 들으려 하는 마음가짐을 가질 수 있는 분위기를 만들어내야 하며, 시작부터 끝까지 지도자적인 태도가 아니라 기다리는 모습을 보여야 한다. 사회자의 지도 능력은 본질적으로는 스스로 내적인 침착성을 가지고 다른 사람들을 파트너로서 진지하게 받아들일 마음 자세를 완전하게 갖추었느냐에 달려 있다. 사회자에게는 뛰어난 감각, 사실 이해의 폭, 대화의 기술보다 더 중요한 것이 선의(善意)이다. 더불어 복잡하게 뒤얽힌 사고 과정을 일종의 감도가 좋은 라디오처럼 통찰하고 재치 있게 처리해나가는 능력은 사회자에게 있어 마치 합창단의 지휘자가 다른 음성을 듣고 분별해내는 능력만큼이나 중요하다.

도도한 자세를 취하는 대화의 사회자들은 아무래도 효과적인 대화의 중계자라고는 할 수 없다. 사회자는 대화를 자기 취향에 따라 인형 놀이 같은 일종의 대화 연극으로 발전시키고 싶은 유혹에 빠지기 쉽다. 이와 같은 이유에서, 러시아인이 발전시킨 대화 지도의 방법은 본연적인 대화의 영역이 아니라 오히려 정치 학습의 영역에 속한다. 이들이 발전시킨 대화의 방법은 다음의 문장을 통해 명백하게 짐작할 수 있다.

> 역동적인 대화를 위해 노력하는 한편, 정치운동가agitator는 대화 흐름이 특정한 한 방향으로 전개되도록 힘쓰지 않으면 안 된다. 협의는 실천을 위한 구체적 결론을 향해 나아가야 하며, 당이 확립한 투쟁 과제의 해결을 위한 방향으로 인민을 이끄는 것을 그 목표로 해야만 한다. 따라서 정치 운동은 엄밀하게 말해 분명한 목표를 염두에 두고, 미리 인민의 주의를 끌 수 있도록 그 결론을 확립해 두어야 한다.[4]

대화의 범위를 교실의 선생처럼 마음대로 바꾸는 일도 좋지 않다. 이는 사회자가 재치 있는 대화 기술에 의욕을 보일 때 자주 일어나는 일이다. 어떻게 하면 우수한 사회자가 될 수 있

---

4 G. Glesermann, "Wie eine Besprechung vorbereitet und durchgeführt wird", Moskau 1948: in deutscher Übersetzung bei Dietz-Verlag, Berlin 1951, Biblio-thek des Agitators,1.-140. Tausend, S. 38f

는가에 너무 집착하면 안 된다. 사회자가 자기 자신에게 기울이는 온갖 관심은 대화에 단지 방해 작용만 할 뿐이다. 사회자의 진행 방법이 대화의 촉진이 아닌 장해로 작용한다면, 그 이유는 사회자가 자신의 대화 기술과 의견 표출에 너무 구애된 나머지 대화의 전체적인 성공을 간과했기 때문이다. 따라서 대화의 기술이 방법적으로는 올바르다 해도, 운용이 잘못된다면 문제가 발생할 수 있다. 기능인과 예술가의 결정적 차이는, 예술가는 기교를 뛰어넘는 사람들이라는 점이다. 기술적 실패를 피하도록 하는 것은 대화 지도에서 매우 중요하다. 기교가 두드러지지 않을수록 대화의 모임은 더욱더 인간적이고 진실한 것이 된다.

독자가 올바른 대화 지도를 위해 이러한 인간적인 전제를 이 책의 모든 내용에서 간과하지 않는 한, 우리는 숙련된 사회자가 주의를 기울이는 하나하나의 방법적인 지점으로 나아갈 수 있을 것이다. 숙련된 사회자는 본질적으로 다음 다섯 가지의 과제를 수행하기 위해 노력해야 한다.

첫째, 대화의 분위기 조성과 환기

둘째, 대화의 원만한 전개

셋째, 대화의 질서 유지

넷째, 각 입장의 충분한 해명 유도

다섯째, 결론 유도 및 결정

그런데 이 사항들을 순차적인 것으로 오해하면 안 된다. 이들의 단계는 모든 대화에서 순서대로 나타나지 않는다. 이 과제들은 차례차례 처리되어가지 않는다. 사실 사회자는 대부분 대화에서 거의 매 순간 이 모든 과제와 직면하게 된다. 예를 들면 대화가 중도에서 단절되었을 때, 비록 이 대화의 모임이 끝날 무렵에 가까워져 있더라도 대화 분위기를 조성하는 기술이 새삼 필요해진다.

그러면 모든 대화의 기본 형식인 다섯 가지 과제에 대해 논술하고 그 하나하나를 어떻게 수행할 것인가를 밝혀보도록 하자.

첫째, 대화의 분위기 조성과 환기

보통 우리는 대화의 광장으로 이끌 수 없는 특정한 인간 집단이 존재한다고 생각한다. 또한 많은 대화의 사회자들은 대화가 잘 진척되지 않을 경우 그 원인이 참여자의 정신적 활동력이 결핍되어 있기 때문이라고 주장한다. 그러나 오후 한때 농부들을 모아놓고 대화를 나누려고 했다가 결국 아무런 성과도 얻지 못한 면장이나 목사는, 저녁때 마을의 선술집에서 자신들에게 냉담했던 바로 그 사람들이 술을 마시며 대화에 열을 올리는 것을 목격하게 된다. 이로써 다음과 같은 하나의 결론을 얻을 수 있다. 즉, 결핍된 것은 참가자들의 대화 능력이 아니라 대화 분위기를 조성하는 사회자의 기술이다.

대화 분위기를 조성하는 기술은 단순한 주안점에서 출발한다. 즉, 대화의 사회자는 참가자의 관심이 어디에 있는가를 찾아내 그것으로 그들과 유대관계를 가지도록 힘써야 한다는 것이다. 사회자가 다른 사람의 문제에 관심을 기울이지 않고 오직 그 자신의 문제에 대해 다른 사람의 관심을 모으려 하는 한 대화는 전혀 불가능해진다. 그럼에도 이 불가능한 노력이 영구엔진 perpetuum mobile의 발명이라는 어리석은 이야기와 마찬가지로 항상 반복되어왔다.

사회자는 대화가 시작되기 전에 사람들의 관심 대상의 변화와 그 흐름을 찾아내려고 노력해야 한다. 그 흐름에 따라 사람들이 정신적인 교류를 시작할 수 있다는 사실을 알아채야 한다. 이는 사회자가 전혀 새로운 관심 영역의 사람들의 마음을 열 수가 없다는 의미는 아니다. 대화는 서로 이야기하고 싶다는 기대가 발생하는 바로 그 장소로부터 출발해야 한다는 뜻이다.

이러한 이유에서 대화 분위기를 조성하는 것은 사회자의 마음가짐에 달렸다고 봐도 무방하다. 그는 사람들이 모이는 자리에 찾아가 그들과 친구가 되고 형제가 될 자세가 되어 있어야 한다. 대화가 순조롭게 진척되지 않는다면, 사회자는 자기에게 이와 같은 마음의 자세가 서 있는지 어떤지, 단지 사람들을 가르쳐서 지배하고자 하는 것뿐인지 어떤지 우선 깊이 반성해야 한다.

대화를 위한 다른 준비들이 기본적으로 이뤄졌다고 해도, 대화 분위기를 고조시킬 수 있을 만한 주제를 설정하기 위해서는 제각기 대화 나름의 상황에 따라서 세밀한 주의를 기울여 탐색하는 시도가 필요하다. 통상 대화를 나눌 사람들과 함께, 아니면 준비 위원들과 함께 예행연습을 해보는 것도 도움이 된다. 예행연습은 논의 주제를 발굴하고 여러 문제점을 파악해 대화의 밑그림을 그리는 과제를 해결할 수 있다.

인문학 강연이나 영화 시사회, 독자와의 만남에서 이뤄지는 대화를 생각해보자. 처음에는 본연적인 대화가 아니라 단지 가벼운 이야기로 시작할 수도 있다. 강연이나 영화 상영 시 청중의 마음에 떠올랐던 여러 가지 생각을 말한다든가 이러저러한 질문을 한다. 대화라고 하면 으레 새벽 3시에 모임이 있더라도 달리 의견이 없는 한 잡담이나 지껄이는 사람들의 이야기를 참고 듣게 되는 것처럼 말이다. 그러나 이러한 자리에서는 가벼운 발언이라 하더라도 재치가 있다면 유익할 수 있다.

대부분 사회자는 대화 초반, 그들의 잡담에는 되도록 관여하지 않으려 하고 꼭 필요한 경우에만 나설 것이다. 그는 참가자들에게서 눈을 떼지 않고 주시하다가 누군가의 발언에 사람들이—그때까지 특히 아무 말도 하지 않고 묵묵히 앉아 있는 것처럼 보인 사람들, 또는 이미 큰 소리로 잡담을 지껄이고 있던 사람들—갑자기 입을 다물고 고개를 들어 듣기 시작하는 것을 보게 될 것이다. 사회자에게는 그 발언이야말로 이 대화에서 거문고 줄에 닿은 거문고 술대인 것이다. 포인트가 되는 이 발언이 대화 주제와 관련 있는 한, 사회자는 그것을 본연적인 대화의 출발점으로 선택할 것이다. 그는 사람들의 관심을 강렬하게 불러일으킨 이 발언자의 말이 끝나자마자 다음과 같이 말할 것이다. "지금 말씀하신 것 중에는 우리가 함께 생각해볼 만한 중요한 문제점이 있는 것 같군요." 그러고는 제기된 문제를 다시 한 번 정리해 말하고 거기서부터 대화를 끌어갈 것이다.

대화가 계속되는 중에 이 선택이 잘한 것인지 아닌지는 이내 밝혀진다. 만약 잘못되었다면 사회자가 제기한 문제에 대한 반향은 거의 일어나지 않을 것이다. 이런 상황이라면 사회자는 큰 위험에 직면한 것이다. 그럴 때, 대화를 진척시키려 노력했던 사회자는 청중을 시험하는 신앙 문답의 교사로 그 역할이 바뀔 수 있다. 자신이 참가자의 관심 범위로부터 멀리 떨어져 있다는 사실을 인정하지 않고, 대신 학생들에게 수업 내용을 받아쓰게 하는 선생의 역할로 자기 지위를 높이게 된다. 이런 성향은, 사회자가 너무 당황한 나머지 형식적인 질문을 던지고는 자기는 이미 알고 있는 답을 누군가 확인해주길 바라지만 그것조차 뜻대로 되지 않아 초조해질 때 분명하게 드러난다. 이와 같은 사회자의 행동은 필연적으로 대화의 진행을 틀어지게 하는 작용을 한다. 그러므로 이러한 실패를 범했을 경우, 사회자는 즉시 교사의 자리에서 내려와 새삼 청중의 한 사람이 되려 노력해야 한다.

사회자가 말은 꺼냈으나 해결되지 않은 채로 문제가 남겨질 때, 그는 되돌아가서 그것을 다루게 될 것이다. 새삼스럽게 그 말을 다시 설명하기 위해 시간을 가지든가, 아니면 그것을 새로운 질문으로 바꿔서 던져보려 할 것이다. 그는 단순하게 던져진 질문을 비교적 정확한 자리로 골인시키려 노력할 것이다. 그 경우에는 '정신적인 교류가 이루어져야 할 곳에서는 모든 참가자는 대화를 위해 제출된 주제와 열성적으로 씨름할 용의를 가져야 한다'라는 심리학적 고찰이 타당해진다. 사람들은 틀림없이 그것에 대해 흥미를 보일 것이다. 그러나 일반적으로 말해 현대인은 자기 자신만의 문제에 몰두해 있는 데다가 잡다한 관념이나 상념, 뉴스 등을 듬뿍 머릿속에 집어넣고 있으므로 전반적으로 여러 가지 문제와 씨름할 의욕이 전혀 없다. 마치 터질 듯 부른 배를 끌어안고 향연에 초대되어 나온 손님과 같다. 교양이 있는 사람이라면 식욕이 없더라도 예의를 중시하는 차원에서 권하는 음식을 아주 조금만이라도 입에 댈지 모른다. 그러나 그래서는 즐거운 잔치를 기대하기란 어려운 법이다. 대화가 요령 없이 장황하게 진행될 때의 상황도 이와 똑같다. 여하튼 참가자들은 이미 충족되어 있다는 태도를 보이는 것이다. 이 경우, 대화의 사회자는 고대 로마인들이 향연 자리에서 손님에게 공작새 깃을 준비하게 한 관습을 본받아도 좋겠다.[5] 그것이 무엇 때문에 사용되는가를 더 상세히 말할 필요는

5 고대 로마인들은 향연을 만끽하기 위해 먹은 음식을 토해내고자 공작새의 깃을 목구멍에 넣어 간질임으로써 구토했다고 한다.

없을 것이다.

요컨대 대화의 사회자는 참가자들이 스스로 뭔가 기여하려고 하는 의욕을 갖도록 질문하는 것이 바람직하다는 사실은 잘 알고 있다. 그러나 여기에서 더 나아가야 한다. 사람들은 자신의 배를 일단 비워놓으면 그 후에는 다른 사람의 이야기를 즐겁게 받아들이며 귀를 기울일 것이다. 그러기 위해서는 근본적인 두 가지 방법이 필요해진다.

첫 번째는 어떤 대담한 명제를 내세우거나, 아니면 반론이나 반박 의욕을 불러일으키도록 날카로운 공격을 가하는 것이다. 만약 사회자가 아닌 청중 누군가가 이런 공격을 가하도록 전체적인 기획이 되어 있다면 그것이야말로 최선책이다. 참가자들 사이에 참다운 의견 차이가 명백해지게 되는 지점에서 당연히 활발한 대화가 아주 쉽게 실현된다. 교회 회합에서 거의 대화가 이루어지지 않는 이유는, 단지 지금까지 신학적인 확인으로 결론이 나 있는 것에 대해서만 대화할 수밖에 없다고 생각하기 때문이다. 따라서 그들은 비교적 위험도가 적은, 아니면 될 수 있는 한 자로 선을 그은 듯한 건실한 사람들에게만 이야기를 시킨다. 그 후로는 당연한 결과로 자로 선을 그은 듯한 참가자들만 모임에 나오게 된다. 만약 발언자와 참가자의 공동 구성에 있어서 일찍부터 중대한 대립이 우려되고 있다면, 그때야말로 대화는 정말 훌륭하게 또한 쉽게 이루어질 것이다. 다만, 단순하고 형식적인 대립만을 제시한다면 모든 대화의 가치를 상당히 감소시키게 될 것이다.

두 번째 방법은 일반적으로 이용될 수 있는 것이다. 그것은 말하자면 불평불만이 가득 차 있는 사람으로 하여금 마음의 수문을 열어젖히도록 하는 것이다. 하나의 실례를 들어본다.

예전에 우리가 군대에서 군목으로 근무하면서 예배를 드리거나 강연할 때면 한결같이 혐오감을 품는 병사의 무리를 자주 상대했다. 그들은 얼핏 보기에 종교적인 문제에 대해서는 아무것도 알려고 하는 것 같지 않았다. 그러나 나는 그런 점에서 그들과 대화를 나누어보고 싶었다. 그래서 아무런 사전 공지도 없이 모두 함께 대화하는 대담한 시도를 해보았다. 이 방법이 잘 먹혀들지 어떨지는 최초의 5분 동안 실감 나는 대화를 전개할 수 있을지의 여부에 달려 있었다. 그것은 말할 필요도 없이 최초의 질문에 마음의 수문이 열릴 경우에만 성공할 수가 있다.

만약 내가 "여러분은 어떻게 생각합니까, 도대체 신은 존재하는 것일까요?"라는 질문을 던져서 대화를 시작했다면 그것으로써 대화는 꼭 신앙 문답 같은 것이 되고 말았을 것이다. 그러면 병사들은 '목사라는 작자는 자기 자신의 관심사에 대해서만 생각하고 있고, 우리의 관심사는 이야기하려 하지 않는다'는 인상을 가질 것이 틀림없다. 그래서 나는 병사들의 비관적인 질문을 거울 삼아 최초의 문제 형태에 관해서 깊이 생각한 후에 이렇게 말했다. "도대체 신이 존재하지 않는다는 이유는 무엇일까요?" 이 질문은 참가자가 목사에게 시험당하는 것이 아니라 그들이 차마 말하기를 주저하고 있던 바로 그 말들을 해도 좋다는 인상을 주었다.

그들은 오래전부터 한 번쯤 입 밖에 내서 말해보고 싶었던 그 무엇인가를 스스로 말할 수 있다는 기분이 되어 폭포처럼 말하기 시작했다. 이와 같이 억제된 궁핍 상태, 어찌할 수 없던 상태, 반박, 또는 마음속을 털어놓고 싶다는 욕구 등을 둘러싸고 대화를 나누는 데 성공한다면, 말하자면 사회자는 수문을 발견하고 그것을 열어젖힌 셈이다. 그 조치가 잘 먹혀든다면 드디어 대화의 제2과제, 즉 그 '대화의 전개'가 시작되는 것이다.

둘째, 대화의 원만한 전개

효과적인 시작을 한 다음에 대화의 사회자가 취해야 할 행동은 일을 끝마친 씨 뿌리는 사람의 태도에 비유할 수 있다. 즉, 씨가 자라나는 대로 가만히 내버려둔다(「마태복음」 13장 24절 이하 참조). 그는 너무 성급하게 좋은 밀과 잡초를 구별하려고 하지 않는다. 만약 그가 지혜라는 경작기로 싹이 트기 시작한 어린 농작물을 짓밟아버리려 한다면 그것이야말로 재앙이다. 사회자는 기다란 고삐를 잡고 대화가 전개되는 대로 우선 가만히 놓아두어야 한다. 그는 이따금 아직 발언하지 않은 사람들에게 이야기하도록 가벼운 자극을 주고, 또 대화를 독점할 우려가 있는 사람들의 입을 적당히 제한할 따름이다. 그러면 각기 다른 발언자들이 돌아가며 얘기함으로써 저절로 주제의 여러 측면이 이야기될 것이다. 기대한 대화로 발전할 가능성은 시간이 약간 흐른 다음에 전개된다.

아마 이와 같은 조처는 내가 병사들과 신에 관해서 대화를 나눌 때 일어났던 이야기를 통해 확실히 이해할 수 있을 것이다. 내가 "도대체 신이 존재하지 않는다는 근본적인 이유는 무엇인가?"라고 질문했을 때, 갑자기 한 병사가 "그것은 목사들의 죄"라고 마치 권총을 쏘아대듯이 사람들을 둘러보며 큰 소리로 대답했다. 나는 우선 지극히 침착한 어조로 무엇 때문에 그런 생각을 하게 됐느냐고 물어보았다. 그러자 그는 "수도원입니다"라고 대답했다. 나는 아무 말도 하지 않고 다음 발언자를 찾느라 청중을 둘러보았는데, 그 발언에 자극되어 두 번째 병사가 입을 열어 다음과 같은 말로 이야기를 시작했다. "나는 예전에 목사님 한 분과 알게 되었는데……." 그가 어떤 경험을 했는지는 자세히 언급하고 싶지 않다. 어쨌든 이 두 사람은 즉시 나의 본래 주제로부터 방향을 전환해 목사들의 죄악에 대해 말하면서 서로 즐거움을 찾으려고 했다.

나는 이 주제를 중지시키지 않고, 다른 사람들도 내가 제기한 문제에 대해서 발언하기를 기대한다는 취지의 말을 했다. 그러자 곧 세 번째 병사가 말했다. "전쟁의 소용돌이 속에서는 나는 아마 신을 믿을 수가 없을 것입니다." 그의 설명에 대해 네 번째 병사—그는 신학생이었지만—가 발언에 나섰다. “전쟁은 신이 일으킨 것이 아니므로 인간의 책임입니다. 그 근원은 인간의 죄에 있습니다.” 세 번째 병사는 그에 대한 대답으로 “아마 그것은 옳은 말일 것입니다. 그러나 어찌하여 신은 전쟁으로 인해 아무 죄도 없는 부인이나 어린이들이 죽는 것을 그대로 방치할 수 있단 말인가요?”라고 말했다. 이리하여 우리는 원죄에 대한 문제로 잠시 대화의 주제를 바꿔 격렬한 논쟁을 할 수 있었다.

내가 이 문제는 주제에서 약간 벗어난 듯하다고 말하자, 다섯 번째 발언자가 신에 대한 신앙은 과학과 모순된다고 말했다. 그의 의견에 대해서 여섯 번째 병사가 발언했다. 그는 신자로서 자연과학에 깊은 관심을 갖고 있으며 현재 최신의 과학적 입장에 대해서도 많은 정보를 얻고 있는데, 다섯 번째 병사의 과학에 대한 지식은 매우 고루하고 뒤떨어진 것이라고 주장했다. 이 발언은 다섯 번째 병사를 다시 자극해, 즉시 아인슈타인 등 과학자들에게 그와 같은 말을 들은 적이 있다고 논박했고, 두 사람은 즉시 원자물리학의 문제로 빠져들어 갔다.

이것은 일곱 번째 병사에겐 마치 뜬구름 잡는 것과 같은 소리였다. 왜냐하면 그는 그것을 단 한마디도 이해하지 못했기 때문이다. 그래서 그는 “나의 신앙이란 말하자면 ‘세 근의 쇠고기는 훌륭한 수프를 만든다’는 말에 지나지 않는다”며 속담을 꺼내 들었다. 그의 의견으로는 이 주제에 대한 모든 발언은 하나 마나 한, 얼토당토않은 헛소리들뿐이라는 것이었다. 그의 마지막 말에 대해 여덟 번째 발언자는 동의했다. 그 병사는 경건한 그리스도교 신자였지만, 신앙적인 주제로 토론하는 것은 거의 아무런 의미가 없다고 말했다. 그 대신 그는 마음을 고쳐먹게 된 자기 경험에 대해 이야기했다.

이 마지막 두 발언은 나에겐 대화로 접어드는 신호였다. 만약 참가자들이 길을 잃고 대화에 대한 의욕을 상실하는 일이 없도록 해야 한다면, 이런 때야말로 대화의 전개를 종결시켜 전체 속에 하나의 질서를 세우기 가장 좋은 때이다.

대화가 이렇게 전개되는 상황에서 사회자는 일어나기 쉬운 두 가지 오류 사이를 요령 있게 빠져나가야 한다. 의욕이 넘치는 성급한 사회자는 대체로 대화의 관점 전개가 두서없이 행해지게 되는 경우 그것을 묵묵히 보고 있지 않는다. 그는 대화가 한 바퀴를 돌기도 전에, 그리고 모든 참가자가 알고 싶어 하는 내용을 발표하기도 전에 먼저 대화의 맥락을 잡으려고 한다. 하지만 그렇게 되면 참가자들은 사회자에게 당했다는 느낌을 갖게 되고, 자기들과는 전혀 관계도 없는 문제에 관해 토론하기를 강요당했다는 인상을 가지게 된다. 이리하여 활발하게 이루어지던 대화는 무르익기도 전에 시들어버린다.

그와 정반대의 과오도 만만치는 않다. 그것은 대화의 사회자가 마치 무능한 관료와 같이 행동함으로써 발생한다. 그는 대화의 운용이란 사람들이 차례차례 순번대로 발언하도록 해야 하는 것으로 여긴다. 이러한 관료주의의 결과는 여러 번 대화를 경험한 사람이라면 누구나 다 알고 있다. 다시 말해 장황하고 재미없는 상태에서 주제는 발언자마다 달라지고, 모든 참가자는 문제가 한 바퀴 돌아서 자기의 주제가 다시 화제에 오르기까지 15분은 기다려야 하는 것이다. 이것은 대화를 극히 산만하게 만드는 요인이 된다. 참가자들은 무료한 나머지 시간에만 신경을 쓴다든가, 아니면 자기들의 주제가 다루어지지 않기 때문에 참을 수 없어 하든가 하게 마련이다. 그들은 다른 사람이 이야기하지 못하도록, 한창 발언이 이어지는 중에 소리를 지르기도 하고 옆 사람과 떠들기도 한다. 대화의 첫 스타트가 좋고 그 결과 참가자들이 흥미를 가지면 가질수록, 사회자의 관료주의적 태도는 대화가 파열될 위험성을 더욱더 크게 만든다.

셋째, 대화의 질서 유지

참가자가 강요당하지 않고 스스로 대화의 질서를 유지하도록 지도하려면 우선 대화의 상황을 분명히 제시해야 한다. 때때로 대화의 도정을 요약해 알기 쉽게 정리하는 것은 무엇보다도 중요한 사회자의 기능 중 하나인데, 그럼으로써 대화가 어떻게 나아가고 있는지 참가자들이 자각할 수 있다. 대화라는 공동성(共同性) 속에서 전진하면서 서로의 발언들이 작용하는 즐거움은 사람들을 더욱더 고취시킨다.

앞에서 말한 대화의 예에 대해서 말한다면, 사회자는 네 종류의 문제 그룹을 짧게 언급하고 제기된 모든 문제를 동시에 다룰 수는 없다는 것을 참가자들에게 이해시킬 것이다. 그러면 아무런 강요를 받지 않아도 참가자들은 사회자의 제안을 받아들이게 된다. 그들은 하나의 질서를 목표로 나아가는 것이다. 이와 같은 제안을 위해서는 두 가지 방법이 가능하다.

첫째, 그때까지 제시된 문제 중 하나를 앞으로의 대화에서 기초로 활용하기로 했을 경우, 그중 어느 것이 공통 주제로 가장 좋은 결과를 가져올 것인가, 또는 어느 것이 가장 많은 참가자에게 관심을 받게 될 것인가를 숙고해야 한다.

나는 우선 이 첫 번째 방법을 택하기로 하고, 목사의 죄를 주제로 한 문제를 다루기로 했다. 나는 병사들에게 목사에 대한 비난은 틀림없이 꽤 타당할 것이다, 그리고 나 자신도 이미 적지 않은 사람들에게 실패를 안겨줬다는 사실을 자각하고 있다고 말했다. 나는 물론 그것이 단지 목사만 그렇다고는 여기고 있지 않았다. 오히려 상당히 많은 아버지, 하급 관리, 교사, 공장장, 직장의 상사 역시 때때로 마찬가지의 비난을 받는 걸 나는 많이 보아왔다. 대화에 이 문제를 제기한 결과 악감정들이 사라지기 시작했다. 병사들의 대화는 이 문제로부터 차츰 공동체에 대한 개인의 책임 문제로 발전해갔다. 그 후의 대화는 신 앞에 선 인간의 책임 문제로 전개되었다. 나는 이때 대화가 주제에서 벗어난 것을 자각했다. 그러나 나는 그것을 대화의 일부로 기꺼이 받아들였다. 왜냐하면 이 우회적인 방법을 통해 참가자들이 신과 인격적으로 만나기를 바라고 있었기 때문이다.

이 실례가 분명히 보여주는 바와 같이, 성공적인 대화의 지도는 때에 따라서는 대화의 목적 추구를 단념해버린 듯한 인상을 주기도 한다. 이 인상은 결코 잘못된 것은 아니다. 왜냐하면 대화에 질서를 주려는 시도가 참가자들로 하여금 지도받고 있다는 긴장된 느낌을 줄 수 있기 때문이다. 그러나 제어되지 않은 채 대화가 옆으로 새는 경우, 필요하다면 사회자는 강력한 조처로 저지해야 한다.

둘째, 사회자가 이제까지 제기된 문제들이 어느 것 하나 실질적인 성과가 없고 공통의 관심을 불러일으킬 수도 없다고 판단했을 경우, 그는 그 문제들을 뛰어넘어 돌파구를 마련하기 위해 노력하지 않으면 안 된다. 그는 붕괴에 직면한 대화 공동체를 살려낼 새로운 관점을 제시해야만 한다. 예를 들면, 논쟁적으로 질문하면서 대화의 에너지를 살리는 길이 있다. 신에 대한 문제의 두 번째 대화 때, 나는 돌파구를 마련하기 위해 다음과 같이 말했다. "지금까지 대화를 나누어보니, 신앙에 대한 반론은 거의 다 제시된 듯하군요. 그러나 그럼에도 아직 나에겐 분명하지 않은 점이 있습니다. 도대체 여기 있는 분들 가운데 '신은 존재하지 않는다'고 진지하게 주장한 사람이 실제로 있는 것일까요?" 내 질문에 맹렬히 반박하던 사람들이 답하기를 '보다 높은 존재'가 당연히 있어야 한다고 말했다. 이로써 의도된 돌파구가 앞에 열린 것이다. 그다음의 대화는 "그러면 바로 그 '보다 높은 존재'라는 건 무엇을 의미하는가?"라는 나의 질문으로부터 시작되었다. 이리하여 대화는 새로운 높은 수준으로 전개되어 참가자들은 진지하게 신을 추구하는 것에 관한 질문을 서로 주고받게 되고, 신에 대해서 그들의 다른 견해를 피력하기 시작했다. 따라서 대화의 사회자는 다음 과제 앞에 서게 된 것이다.

넷째, 각 입장의 충분한 해명 유도

대화에서 '입장의 해명'이라는 과제는 회의를 이끌어야 할 사회자에게 주어진 과제와 성격이 비슷하다. 이 새로운 국면과 그 이전과의 차이는, 주제의 범위와 전개 가능성에 있어 이미 한계를 지을 수 없는 지점까지 왔다는 점에 있다. 참가자들은 바로 사회자의 질서 유지 제의로 하나의 장을 깊이 파고들기로 결의한 뒤라는 것이다. 모든 참가자가 그렇게 하고 있는 한, 또다시 사회자의 고삐는 늦추어질 수 있다. 사회자는 한 사람 한 사람이 모두 기회를 얻을 수 있도록 신경을 쓰고 있을 따름이다. 발언을 너무 독점하는 사람을 제어하고, 침묵을 지키는 사람에게 발언할 용기를 북돋아주는 역할이 여기서 한 번 더 필요해진다. 결론이 들여다보이는 빤한 얘기가 반복된다든가 대화가 개별적인 질문으로 인해 혼란에 빠졌을 경우, 사회자는 다시 관여해 대화의 위치를 자각시켜준다. 그는 상이한 의견들을 간결하게 메모한 다음 그것들을 순서대로 나열해 그 후의 해명에 효과적으로 사용한다. 그럼으로써 참가자들이 받아들인 입장의 다양성이 어디에 기초하고 있는가를 환기하는 것이다. 여기에서도 역시 어떤 주제가 논의되든 간에 근본적으로 모든 대화에서 구별될 수 있는 두 개의 방향이 서로 두드러지게 된다. 즉, 사실 관찰(경험)에 기초한 측면과 중요 원칙에 기초한 측면이다.

진행되는 대화는 우선 사실 관찰의 타당함을 재검토하는 것에 집중된다. 신의 문제에 대해서는 물론 객관적으로 확립될 수 있는 사실보다는 인격적인 경험과 결단을 둘러싼 대화가 중심이 된다.[6] 다양하게 관찰된 사실의 나열에서는 이 각 경험의 배후에 원칙적인 근본적 태도가 숨어 있음을 간파할 수 있을 것이다. 사회자는 기민한 반문으로 이들의 근본적 태도를(발언자 자신도 종종 의식하지 못하는) 분명히 밝히도록 한다. 이것이 성공할 경우, 대화의 이 국면이 종료될 때 그는 다시 한 번 인식된 사실과 원칙을 순서대로 나열해준다. 이로써 참가자는 하나의 결정에 도달하는 과제 앞에 서게 된다.

---

6 이런 경우 만약 신앙을 갖지 않은 사람들의 부정적인 경험이 신앙을 가진 그리스도교도의 적극적인 증언과 대치하게 된다면, 그것은 모든 참가자에게 받아들여질 것이다. 선의에 넘친 그리스도교적 증인들이, 대화가 이 점에 이르기까지 기다리지를 못한다는 것은 대부분의 종교적 대화에 있어서 더할 수 없는 비극이다. 만약 그들이 다른 사람들이 개인적인 경험을 모두 다 말할 때까지 기다린다면, 이 사람들도 역시 그리스도교도의 증언에 감사하고 아무런 근본적인 저항 없이 들어줄 용의를 가질 것이다.

다섯째, 결론 유도 및 결정

만약 사회자가 이 결정이라는 지점까지 추진, 관찰된 여러 사실의 다양성과 표면에 나타난 원칙을 참가자에게 자각시키는데 성공했다면 드디어 전체 대화 여정의 가장 중요한 부분이 시작되는 것이다. 참가자는 설사 아무런 공동의 성과를 얻지 못했다 하더라도, 어쨌든 재밌었고 얻을 게 많은 대화였다고 확신하게 될 것이다. 아마 그들은 자기들의 경험이나 원칙에 대한 오류를 공공연히 인정하지는 않을 것이다. 그러나 이해하려는 마음의 준비는 되어 있는 것이다. 물론 그것만으로 충분하다고는 말할 수 없다. 왜냐하면 관계성을 갖지 않은 모든 인간 공동체는, 설령 매우 생동감 넘치는 대화를 가졌다 하더라도 최후의 성과는 별로 없었다는 기분을 갖게 되기 때문이다.

그러므로 대화의 사회자는 모든 대화에서 서로 이야기를 나누게 된 여러 문제의 공동 결정이 어느 정도까지 가능하며, 그로부터 어떠한 의지 결정의 결론이 얻어질 수 있는가를 명확히 밝히도록 해야 한다. 물론 어떠한 대화에서도 그것을 하나의 공동 '결의'로 종결지으려는 것은 부당한 처사이다. 정신적인 회합에 봉사하는 것만을 기대하는 대화는 인간 상호 간의 정신적인 결실 이외에 아무것도 기대할 수 없다. 그러나 이러한 경우에도 사회자는 어떤 점에 사람들의 관심이 일치되는지 분명히 밝히려고 힘쓸 것이다. 그리고 그는 무엇이 계속해 제기돼야 할 것인가를 참가자에게 깊이 생각하도록 할 것이다.

적어도 언제, 어디서, 그러한 문제의 어떤 점을 대화로 나누어야 할 것인가 하는 점이 대화의 마지막에는 구체적으로 결정되어야 한다. 이와 같은 결정이 대부분 커다란 의지 결정으로 표현되는 분야가 있다. 종교적 또는 정치적 문제에 관한 대화를 진행한 사회자가 결말에 이르러 계속 이 문제에 대해 모두 함께 대화를 나누고 싶다는 일치된 결정을 얻는 데 성공할 경우, 그는 하나의 중요한 성과를 획득한 것이다.

당연한 일이지만 사무적인 회합에서는 어떤 경우라도 사회자가 논의된 문제의 결정을 끌어내는 것이 무엇보다도 중요하다. 그것은 모든 참가자가 자신의 견해 중 가장 중요한 점을 피력할 기회를 다 사용한 직후에야 가능하다. 그 어떤 참가자도 사회자가 전혀 아무것도 묻지 않았다는 느낌을 가져서는 안 된다.

대화의 마지막에 무엇인가 결정짓는다는 목적을 달성하기 위해서는 사회자는 대화하는 동안 전체 시간에 매우 주의를 기울여야 한다. 적당한 때에 이 방향으로 진행하도록 해야 한다. 따라서 누군가가 먼저 자리를 뜨려고 하기 전에, 무엇을 계속해 행하고 또 말할 것인가 제안하기 위해서는 대략 15분의 시간이 필요할 것이다. 참가자의 의욕을 조금씩 깨뜨리는 것은 전체의 결정에 매우 부정적으로 작용한다. 그러나 '모든 대화는 결말을 지어야 한다'는 원칙은 대화가 열심히 진행되고 있는 한 옳은 태도라고 할 수 있다.

사태가 급박한 경우에는 결정을 연기함과 동시에 단지 분명해진 관점만 결정하고 나머지는 그대로 방치해두는 것이 낫다. 그 이유는 대화가 실패로 돌아가는 것이 확고한 의견을 가진 소수 집단에 의해 임의로 결정이 이루어지는 것보다는 낫기 때문이다. 그러나 그와 같은 것은 기껏해야 의회에서 보게 되는 임기응변의 범주에 있는 전투 규준으로 생각될지 모르나, 교양 있는 사람들의 대화 기술과는 아무런 관계가 없다.

만약 회합의 사회자가 시간에 맞추어 출석자의 표결이나 필요한 결의에 이를 수가 없을 경우, 그는 마지막으로 적어도 다음 협의 개최의 가능성과 그 시기에 대해, 또는 문제를 보다 깊이 해명하기 위한 위원회의 설치 여부에 대해, 그리고 누가 그 대화의 추가 자료를 준비할 것인가 등에 대해 결정해두지 않으면 안 된다. 모든 대화에 있어 사회자는 참가자들이 대화의 마지막에 무엇인가 의지 결정을 하지 않고 하릴없이 뿔뿔이 흩어져 가버리는 일이 없도록 할 책임이 있다.

이러한 의미에서 실제적인 감각을 지닌 미국인뿐 아니라 공동으로 목적을 가지고 생각하려 하는 모든 인간의 모임에서 대화의 마지막에는 '무엇을 해야 할 것인가'라는 공동의 문제를 상정하게 되는 것이다.

대화 사회자의 체크 리스트

대화의 지도법을 배우려고 하는 사람은 모든 대화가 끝난 후 그 대화가 과연 만족하게 이루어졌는지, 또는 어떤 점에서 오류를 범하지는 않았는지 등을 다시 음미해야 한다. 그와 같은 자기반성의 지침으로서 다음 요점들을 기억해두자.

대화의 장소는 적당했는가

1) 참가자는 서로 마주 볼 수 있었는가. 그리고 기분 좋게 느끼고 있었는가.
2) 그 장소는 냉난방의 조건이 알맞고 통풍이 잘 되었는가.
3) 참가자가 방해가 될 정도로 햇빛을 받지는 않았는가.
4) 사회자는 모든 시청각 자료를 정확하게 확인할 위치에 있었는가.

대화에 어울리는 분위기가 회의장을 지배하고 있었는가

1) 모든 참가자는 그 대화에서 진심으로 환영받고 있다는 인상을 가질 수 있었는가.
2) 그들은 자기들이 뭔가 기여했다고 느꼈는가.
3) 사회자는 내성적이고 소극적인 참가자들을 활발하게 대화에 참여하도록 용기를 북돋아주었는가.
4) 사회자는 우애 넘치는 대화의 중개자로서 맡은 바 역할을 잘 해냈는가. 아니면 그는 지배적인 입장에 서고, 그 때문에 참가자들은 마치 교실에 앉아 있는 학생처럼 보이지는 않았는가.

5) 대화의 진행이 속박 없이 자유롭고 활발했는가. 그렇지 않으면 방법적으로 부자연스러웠는가.

진정한 대화였는가

1) 최초에 제기된 문제는 무엇이었는가. 그것은 바르게 선정되었는가.
2) 대화는 자유로이 이 사람에게서 저 사람에게로 이동, 전개됐는가. 그렇지 않으면 특정인만 장광설을 늘어놓지는 않았는가.
3) 참가자 중 몇몇 사람만 발언을 독점하지는 않았는가.
4) 대화가 논쟁이나 신앙 문답으로 변해버린 경우가 있었는가.
5) 사회자가 성급하게 자기 생각을 말하지는 않았는가. 전반적으로 사회자의 말이 너무 많았다고 평가되는가.

대화에 분명한 진전이 있었는가

1) 사회자는 적당한 때 사람들의 이해를 종합함으로써 대화의 상황을 명확하게 했는가.
2) 주제에서 벗어난 불필요한 탈선을 사회자가 대화 기술로 순조롭게 조정했는가.
3) 사회자의 질서에 맞는 조정은 대화를 고무시켰는가. 아니면 질식시켰는가.

4) 사회자의 개입으로 대화를 방해한 경우 목적에 따라서 어떤 조치를 취할 수 있었는가.

대화는 올바른 결론에 도달했는가. 아니면 단지 끝나버린 것인가

1) 사회자는 알맞은 시기에 대화의 결론으로 사람들을 인도했는가.
2) 사회자는 올바른 방법으로 참가자에게 대화의 주요 요점을 자각시켰는가.
3) 가장 중요한 의견의 차이가 뚜렷해져서 보다 광범위한 해명을 위해 앞으로 무엇을 해야 할 것인가 하는 의문이 분명해졌는가.
4) 참가자는 종합된 결정이 그들 속에서 나왔다는 느낌을 가졌는가. 아니면 자기들이 아무런 반론도 제기할 수 없이 위로부터 무엇인가가 부여됐다는 인상을 가졌는가.
5) 신뢰가 살아 있는 공동체였는가. 아니면 적어도 사람들이 정직하게 서로 주고받는 의견의 교류였는가. 또 대화가 서로를 소원하게 하지는 않았는가.
6) 신뢰가 깨진 경우, 그 원인은 어디에 있었는가. 참가자의 당파적인 정신에 있었는가, 아니면 사회자의 책임이었는가.
7) 대화에 있어서 참가자와 사회자는 적어도 서로 듣는 법을

배웠는가. 그랬을 경우 그 대화는 사람들의 의견 차이가 모두 극복되지 않았다 하더라도 무익하지는 않았다고 할 수 있다.

성공적인 대화모임을 위한 실무 지침*

베르너 짐펜도르퍼**

대화모임은 여러 분야에 걸쳐 성공적으로 이루어져야 한다. 그렇다면 대화모임을 준비하는 주체, 예를 들어 아카데미 실무자들은 대화모임을 어떻게 준비해 진행할 것인가. 이것이 이 글에서 생각하고자 하는 문제이다. 우리는 이 문제를 크게 네 단락으로 나눠볼 수 있을 것이다.

---

* 이 글은 『인간화의 길: 아카데미 운동 20년』(크리스찬아카데미, 1985)에 실린 베르너 짐펜도르퍼의 「대화의 방법」을 재수록한 것이다.

** 베르너 짐펜도르퍼Werner Zimfendorfer는 독일 개신교 지도자로, 뮐러 박사와 함께 독일 아카데미 운동을 이끌며, 한국의 크리스찬아카데미의 발전에 기여한 바 있다. 독일 바트 볼 아카데미 부원장과 세계교회협의회WCC 교육 프로그램 책임 간사를 역임했다.

첫째, 대화모임의 성격을 파악하라

대화모임은 그룹 간의 첨예한 접점을 찾아내 만나는 모임을 말한다. 즉, 대화모임은 그룹이나 단체에서 이뤄지는 사회적 과정 속에서 생성되는 모임이라고 할 수 있다. 이것은 우리 모임의 기본적 요소이며, 항상 기억되어야 한다. 왜냐하면 대화모임은 사건을 표면적으로 긁적거려서 되는 것이 아니고, 항상 본질적인 정황의 앞 이야기와 뒷이야기를 알아야 하기 때문이다.

예컨대 공장 사람들과 모임을 하려면, 모임을 준비하는 사람은 그 전에 사람들을 방문해 접촉하고 이야기를 나눠야 한다. 대화를 갖는다는 것은 바로 그 집단 안에 어떤 문제가 정점에 도달해 있는가를 발견하여 그 문제를 중심으로 모임을 여는 것이기 때문에 먼저 그 집단, 즉 공장이나 병원 또는 대학 안에 어떤 문제가 어떻게 진행되는가를 알기 위하여 그들과 미리 접촉할 필요가 있는 것이다.

생활 속의 문제를 해결하기 위해 열리는 모임의 방식에는 여러 가지가 있을 수 있다. 어떤 방식을 취할 것인가는 그들의 문제점과 사정을 들어가면서 정할 수밖에 없다. 단지 대부분 참가할 사람들의 의견이 우선되어야 한다는 것은 두말할 필요가 없다. 그러면 어떤 종류의 대화모임 방식들이 있는지 알아보기로 하자.

우선, '연구회 형식의 모임'이 있다. 이것은 어떤 특수한 문제를 연구하기 위해 그 분야의 전문가들을 초청하여 연구하는 모임을 말한다. 이런 방식의 모임은 비교적 장기적인 경우가 많다. 여기에서 얻어진 결론은 다른 일반적인 모임을 준비하는데 필요한 중요한 자료가 된다. '연구 모임'은 작은 규모로서 15명에서 25명 정도가 참석하고, 강연을 비교적 많이 하며, 발표할 논문이나 관련 자료집도 준비해야 한다. 물론 이 모임의 결과들은 자세하게 기록되어 보관되어야 한다.

두 번째로는 '문제 중심의 모임'이 있다. 특정 문제에 관심을 가진 사람들과 그 분야의 전문가들을 함께 섞어 대화와 토의를 전개하게 하는 모임을 말한다. 물론 전문가에게 강연을 의뢰하고 토론에도 참여할 기회를 주어야 한다. 이런 모임의 대화 주제로는 예를 들자면 주택 문제라든가 도시화 문제, 가족계획 문제 등이 있다. 이런 모임의 주제는 한편으로는 공통적이면서 다른 한편으로는 매우 전문적인 것들이 포함되는데, 대부분 일반인이 많은 관심을 보이는 실존적인 문제들이다.

세 번째로는 '그룹 모임'이 있다. 예컨대 의사들의 모임, 변호사들의 모임, 교사들의 모임 등 특정한 직업이나 그룹의 모임을 말한다.

네 번째로는 '그룹 간의 모임'이 있다. 이것은 서로 협동해야만 하는 두 그룹이나, 현재 서로 대립하고 있는 그룹 간의 만남을 말한다. 서로 대립하는 두 그룹이 함께 유용한 방식으로 대화를 나눌 수 있게 한다는 것은 불가능한 일처럼 보일지도 모른다. 우리 경험을 보더라도 이런 모임이 그룹 간의 긴장을 오히려 더 증대시키고는 한다. 그러나 비록 대화 도중 흥분해 감정이 격화하더라도 언제나 양쪽 그룹 안에는 상대편 이야기를 듣고 되새겨보는 사람들이 생긴다는 것에 주목해야 한다. 다음 달 또는 다음 해 어느 때에 가서는 그들이 오히려 자기 그룹 동료들의 태도를 바꿔보려고 노력하게 된다. 경우에 따라서는 이렇게 감정이 나빠져서 헤어진 두 그룹이 오히려 그것이 계기가 되어 2년 또는 3년 가서 다시 만날 수 있게 되기도 한다.

다섯 번째로는 소위 '계층 간의 모임'이 있다. 이런 방식의 모임은 주로 산업 분야나 생산 공장에서 발전된 모임이다. 즉, 공장 안의 관리자, 중간 관리자, 하급 관리자에서 말단 노동자에 이르기까지 서로 다른 계층의 사람들이, 또는 서로 다른 분과나 분야의 사람들끼리 갖는 대화를 말한다. 공통의 목적과 결과를 달성하기 위해 함께 일해야 하는 사람들이 어디에 잘못이 있고 문제가 있는지, 그리고 왜 협조가 잘 안되는지를 함께 의논하는 것이다. 이것은 단순히 기술적인 협조 문제뿐만 아니라 인간관계의 문제까지 이야기할 수 있는 대화여야 한다. 그러므로 이런 대화를 위해서는 일상적이고, 바쁘고, 짜증나고, 숨 막힐 것 같은 환경에서 벗어나 푹 쉴 수 있고, 즐길 수 있는 환경에서 이야기를 나누도록 하는 것이 필요하다.

이상의 여러 방식의 모임 중 어떤 방식의 모임으로 진행할 것인가는 그 모임의 책임자가 참석자 중의 분야별 대표들과 의논해 결정할 것이다. 그리고 일정한 방식에 이르기까지는 여러 가지 다른 방식의 모임을 시도해보는 것도 필요하다. 역사적으로 보면 계층 간의 대화모임이라는 것은 같은 그룹끼리의 모임, 두 그룹 간의 모임을 거쳐 비로소 발전된 모임이다. 햇수로는 약 5년에서 7년에 걸친 노력의 결과로 얻어진 산물이다.

마지막으로 중요한 한 가지는 모임을 위한 준비위원회의 구성이 모임 시작에 훨씬 앞서 이루어져야 한다는 것이다. 준비위원 구성을 위한 접촉은 처음에는 개인적으로 해야 한다. 모임이 열리는 분야와 그 기반과의 접촉은 그다음에 시도해야 할 것이다.

준비위원회는 사전 준비를 위해서 필요할 뿐만 아니라 사무정리를 위해서도 대단히 중요하다. 어느 모임이든지 끝난 후에 정리할 것이 아무것도 없을 수는 없다. 물론 모임의 성격에 따라 다르겠지만, 모든 모임은 최소한 어떤 작은 것이라도 결정할 수 있어야 하고, 또 실제로 그렇게 해야 하기 때문이다.

이 뒷정리는 모임이 끝난 뒤 적어도 3주 이내에 그 회의의 영향이 모임에 참가했던 사람들과 그 기관에 어떻게 나타났는가를 알아보기 위해 평가한 내용과 의문점을 가지고 공장이나 기관으로 직접 방문해보는 것을 포함한다. 이렇게 하면 어떤 점이 간과되었는지, 어떤 사람을 더 초청했어야 하는지를 확실히 알게 되는 이점이 있게 된다.

둘째, 그룹 간의 대립을 두려워하지 마라

대화모임은 사회적 구조 속에서 그룹의 치료를 목표로 한다. 이 모임은 이런 점에서 정치적인 성격을 띠게 된다. 각종 모임은 정확히 지적하자면 일종의 그룹 치료이다. 그러나 여기에서 중요한 것은 개체 그룹이 겪고 있는 문제를 해결하고, 그룹 안에서의 역할이나 움직임에 있어서 잘못된 것을 치유하도록 하는 것만을 노리는 것은 아니라는 점이다. 그보다 중요한 것은 그룹으로 하여금 전체 사회 안에서의 한 부분으로서 자기들의 역할을 명확히 파악하도록 하여, 상대편 사람들과 그룹들의 역할과 관련해서 자기들의 역할을 인식하도록 하는 것이다. 다시 말하면 '국가 건설'이라는 것 속에서 자기들의 역할을 찾을 수 있게끔 하려는 것이며 다른 그룹의 이익을 함께 이해하면서 자기 단체의 이익을 추구하도록 하려는 것이다.

모임의 이러한 정치적 성격은 물론 충돌을 일으키게도 하고 화해를 이루게 하기도 한다. 이는 신학적 견지에서 볼 때 지극히 타당한 것이다. 왜냐하면 화해라는 것은 싸울 것은 싸우고 말할 것은 다 말한 후에라야 가능한 것이기 때문이다. 진정한 의미의 화해는 양쪽 사람들이 함께 만날 수 있을 때에라야 비로소 가능해진다. 모임에 따라 필요한 시기가 서로 달라지는 것도 바로 이러한 이유 때문이다. 만약 긴장과 갈등이 조성되는 시기가 전혀 없다면 그 모임은 목표를 이미 상실한 것이다. 말하자면 누군가 회의장을 떠나려고 할 정도의 긴장과 대립의 순간이 없다면 그 모임은 목적 달성에 실패한 것이다. 이 날카로운 대립 속에서 심각한 분위기를 이루게 될 때 사회자는 때가 왔다는 것을 재빨리 알아채야 하며, 대립을 조정하여 일치에 도달할 수 있게 하는 방법을 재치 있게 구사해야 한다. 즉, 적당한 사람에게 발언권을 준다든가, 적당한 시기에 '패널 토의'를 채택한다든가, 또는 전체 토의를 정회시키고 소그룹 토의로 들어간다든가 하는 등의 진행 기술이 필요해진다.

이처럼 모임이 깨어지지 않고 통합적인 분위기로 재돌입하게 만드는 것은 사회자의 진행 방법과 능력에 달렸다고 할 수도 있지만, 어떻게 보면 기적에 가까울 만큼 어려운 일이다. 그러나 이 말은 결코 사회자가 성공적인 모임이 되도록 하는데 무신경해도 좋다는 뜻은 아니다. 오히려 대화 참가자 전원과 아카데미 운동 실무자들은 이에 상당한 노력을 기울여야 한다는 점을 강조하고 싶은 것뿐이다.

대립하는 그룹에는 각각 여러 급의 사람들이 있게 마련이다. 그런데 반대되는 두 그룹을 화합할 수 있게 하느냐, 못 하느냐의 문제는 어떤 급의 사람부터 접촉하느냐의 문제와도 관련이 있다. 그러나 흔히 생각하듯이 최고위급의 사람부터 접촉하는 것이 항상 좋은 방법은 아니다. 아주 적은 수의 최하위급 사람들부터 천천히 설득하는 것이 효과를 볼 때도 많다. 독일의 경우, 어떤 종류의 아카데미 운동이건 전혀 받아들이지 않겠다고 완강히 반대하던 노동조합 지도자들이 아카데미 모임에 참석해본 몇몇 공장의 지부장급 사람들에 의해 설득되어 이 운동을 받아들이게 된 예도 있다.

셋째, 준비위원회의 책임과 권한에 대해

대화모임의 준비 내용은 다양하고 개방적이어야 한다. 앞서 말한 대로 모든 모임을 위해서는 준비위원회가 있어야 하는데, 이 위원회에는 아카데미 실무자가 한두 명 꼭 참석해야 하고 가급적 참가 그룹의 대표들도 함께 참석해야 한다.

제목을 먼저 정하느냐, 혹은 참가 그룹을 먼저 정하느냐 하는 것은 그렇게 중요하지 않다. 그러나 이 준비위원회는 대화모임의 제목이나 참가자들의 선정 등 모든 프로그램을 함께 의논해야 하고, 도중에 프로그램상에 변동이 있을 때도 준비위원회의 동의를 얻어 변경하는 것을 원칙으로 삼아야 한다. 준비위원회는 모임이 끝날 때까지 존속해, 모든 프로그램을 함께 돌봐야 한다. 여기에서 아카데미 실무자가 할 일은 때로는 질문을 던지고, 때로는 대안을 제시하되 참여 그룹의 의도를 정중하게, 그리고 정확하게 받아들이는 일이다. 그리고 준비위원들에게 모임 준비의 진행 상황을 단계별로 전달하는 것도 꼭 해야 할 일이다. 프로그램의 최종 계획표가 완성되면 인쇄에 들어가기 전에 준비위원들에게 전달해야 한다. 이는 곧 프로그램 준비의 책임이 아카데미 실무자에 있기보다는 준비위원회에 있음을 뜻하는 것이기도 하다. 예정된 다섯 명의 강사 중에 단 한 사람이라도 변화가 있게 되면 준비위원들의 의도가 전적으로 달라질 수도 있기 때문이다. 거듭 강조하거니와 모임의 전 과정에서 아주 작은 것이라도 이 준비위원회에 책임이 맡겨져야 한다. 대부분의 경우 이 준비위원들은 모임 참가자의 선정에도 큰 도움이 된다. 이들은 초청장이 누구에게, 또 어디로 가야 할 것인가를 일러줄 수도 있다. 당연한 이야기지만 준비위원들이 책임을 맡을 수 있도록 하기 위해서는 성의 있고 책임감 있는 인사들을 준비위원으로 위촉해야 하며, 준비위원들과 아카데미 실무자 간에는 깊은 유대관계가 형성되도록 힘써야 한다.

계획의 다양성과 복합성이란 바로 프로그램의 계획에 다양하고 복합적인 의견들이 개진되어야 함을 의미한다. 대화모임에서는 가급적 서로 다른 의견들이 제시되어야 한다. 아울러 복합성이란 사용되는 방법의 다양성을 뜻하기도 한다. 우리는 경험을 통해 강연과 토의만이 효과적인 방법이라는 생각을 버리게 되었다. 즉, 영화나 예술 작품이나 다른 방식의 표현 방법에서 얻는 감명이 모임의 목적을 더욱 쉽게 달성시킬 수도 있음을 알게 되었다. 이런 요구는 점점 많은 사람에게서 일어나며 지성인들에게서도 이런 요구는 점차 강해진다. 이 문제는 참가자의 구성 문제와도 연관된다. 너무 전문적인 사람들만 초청하는 것은 매우 위험스러운 일임을 주의할 필요가 있다. 왜냐하면 그들은 논쟁을 벌일 가능성이 크며, 대부분 경험의 배경이 서로 다른 데에 그 논쟁의 원인이 있다. 그러므로 전문가들을 초청하려면 최소한 경험의 배경이 공통된 사람들을 초청하는 것도 바람직한 방법 가운데 하나이다.

다음으로 발제자들을 어떻게 찾아내어 교섭하는가에 대해 살펴보자. 이것은 매우 주의를 요하는 일이다. 현재 '밧볼아카데미'는 분야별로 강연이 가능한 700명에서 800명의 개인 기록을 보유하고 있다. 카드마다 강사의 이름과 전공 분야, 아카데미하우스에서 진행했던 강연 제목과 내용을 요약해 적어두었다. 그래서 예컨대 어떤 모임의 강사를 찾으려고 할 때, 이 카드를 담당한 직원에게 어떤 내용의 강연이 필요한지 설명하면, 이 직원은 10명에서 20명의 이름을 들고 와서 그들의 전문 분야와 성향에 대해 자세히 알려준다. 그렇게 하면 보다 정확하게 그 모임에 적합한 강사를 선정할 수 있다. 물론 이런 정도의 인물 자료를 모으려면 적어도 몇 년이 걸린다. 그러나 이 일은 꼭 필요한 일이다. 인물에 대한 자료 조사는 여러 방법으로 할 수 있다. 각종 신문이나 잡지 · 학술지 · 전문 서적을 모은 도서관을 이용할 수도 있고, 여러 사람의 추천을 받을 수도 있을 것이다.

넷째, 실무자들이 반드시 해야 할 일

대화모임의 준비는 시간과 모임의 형식과 광고 계획 등을 포함해야 한다. 참가하는 그룹에 적당한 시간을 묻지 않고 시간을 정해버리는 것은 좋지 않다. 최소한 모임 준비위원회는 4개월 전에 시작되는 것이 좋다. 이 정도의 시간은 가져야 정상적인 준비라 할 수 있다. 그리고 4주에서 6주 전에는 순서지를 인쇄해야 한다. 이렇게 계획이 확정된 다음에는 광고를 시작해야 한다. 가장 좋은 수단은 자체 간행물, 또는 전문 기관의 잡지나 일반 잡지, 신문을 이용하는 것이다. 독일에선 『노동조합신문』이 아카데미의 모든 프로그램을 소개하고 있다. 그리고 이와 함께 지난번 모임에 있었던 내용을 일부 소개해도 좋다. 이는 다음 모임에 대한 광범위한 사전 광고의 효과가 있다. 또한 모임 방식과 광고 방식에 따라 프로그램의 인쇄 방식도 달라져야 한다.

초청장은 대개 네 가지 요소로 채워진다. 첫째 페이지에는 우선 초청자, 즉 아카데미를 밝히고 모임의 주제와 일시, 장소

등을 쓴다. 어떤 경우에는 초청자의 이름을 쓰기도 한다. 특히 지도급의 모임에는 '크리스찬아카데미는 당신을(또는 실명을 밝혀서) ○○○○ 주제의 대화모임에 초대합니다'라는 식으로 만들 수도 있다. 둘째 페이지에는 대화의 의도와 목적을 설명하는 글을 간략하고 분명하게 쓴다. 이런 모임을 개최하게 된 이유와 개략적인 소개를 모든 사람이 쉽게 이해할 수 있도록 요약해 수록해야 한다. 아카데미 실무자는 이런 초청 문안을 쓸 수 있어야 한다. 그리고 초청 대상의 범위와 개략적인 윤곽을 싣는다. 셋째 페이지에는 일정표와 강연 제목, 강사 이름을 싣고, 넷째 페이지에는 그 모임의 행정적인 문제들과 광고 사항, 책임 실무자나 담당자에 관한 것을 싣는다.

참가 그룹이 프로그램이 행해지는 모임 장소를 친근하게 여길 수 있도록 해야 한다. 즉, 자기 집, 자기들의 프로그램으로 느끼도록 준비되어야 하며, 사회자나 아카데미 실무자는 이 모임을 위한 협조자 또는 봉사자로 여겨져야 한다. 그러한 분위기 속에서 모임의 목적이 충분히 구현되도록 만들어야 한다는 것이 아카데미 운동 실무자에게 맡겨진 또 하나의 직능이다.

그러기 위해서는 모임이 계속되는 중에 수시로 필요한 때에 참가자들에게 토의의 진척 상황과 현재의 문제점을 직간접적으로 밝혀주어야 한다. 즉, 그간의 토의로 어떤 성과가 있었으며, 앞으로 남은 과제는 무엇인지를 설명하거나 암시해줄 필요가 있다. 그러나 이러한 설명이나 암시가 권위주의적이거나 인

위적으로 느껴지지 않도록 해야 하며, 그 타당성이 참가자들에게 두루 인정되어야 한다는 것은 두말할 여지가 없다.

프로그램이 진행되는 동안 참가자들의 동향을 세심하게 살펴야 한다. 이를 위해 대화모임마다 사회자를 돕는 팀team이 있어야 한다. 왜냐하면 사회자가 모든 것을 혼자 판단하고 관찰할 수 없기 때문이다. 전체 토의 때는 한마디도 안 하다가 밤에 예컨대 맥주를 나누면서는 솔직하게 이야기하는 사람도 적지 않다. 이들이 공개적인 자리에서는 스스럼없이 이야기할 수 있도록 해주어야 하는 것은 물론이지만, 동시에 이런 비공식적 자리의 이야기도 전체에 반영되도록 해야 한다. 사회자나 그를 도울 수 있는 참가자들, 특히 아카데미 실무자가 그런 시간에 자기의 개인적 취향에 맞는 사람들과만 어울릴 경우, 전체의 흐름이 편향될 가능성이 많다는 점을 유의해야 한다.

이 모임에서 목적 달성이 얼마만큼이나 가능한가를 항상 테스트해보아야 한다. 그러나 성공인지 실패인지는 모임이 끝날 때까지는 알 수 없는 것이 보통이고, 모임의 성과가 모임이 끝난 후 비교적 오랜 시간이 흐른 후에야 밝혀질 때도 적지 않다는 것도 유념해야 한다.

모임 후에는 반드시 평가회가 있어야 한다. 가장 좋은 평가 방법은 참가자들과 함께하는 것이다. 평가에서는 어떤 기준을 적용할 것인가가 가장 중요하다. 평가 범위에는 모임에 관계된 모든 사항이 포함되어야 한다. 경우에 따라서는 앞에서 말한 바와 같이 그 결과를 정확하게 알기 위해, 비교적 오랜 시간이 지난 후에까지 지속되어야 할 때도 있다.

3부

한국 사회에서의 '민주적 대화'의 실종과 복원의 과제

박승관*

분열, 대립, 갈등의 한국 사회

한국 사회가 병들어가면서 해체되고 있다. 사회 체계 내부의 집단적 경계들 사이에서 갈등 · 분열 · 혐오 · 반목이 전방위적 · 전국민적으로 확산 · 심화하고 있다. 나라 안에서의 사회 경계와 분파 간 갈등은 내전 상태로까지 극단화되고 있다. 사회 경계 간 대립과 갈등은 성별 · 나이 · 세대 · 지역 · 계층 · 이념 · 정당 사이를 포함하여, 정치 세계는 물론 일상적 생활세계

* 박승관은 서울대학교 언론정보학과 명예교수로, 미국 스탠퍼드대학교에서 언론정보학 박사 학위를 받았다. 대표 저서로 『드러난 얼굴과 보이지 않는 손: 한국 사회의 커뮤니케이션 질서』 『언론 권력과 의제동학』(공저) 등이 있다.

까지 오염시키면서 '소통 질서'를 교란하고 있다. 일반 국민 사이에 정치적 견해가 다른 사람들과는 밥도 같이 먹을 수 없고 말도 함께 나눌 수 없는, 극단적 불신과 혐오의 정서가 범람하고 있다. 그레고리 헨더슨Gregory Henderson의 서술처럼, 소속 '붕당'이 다르면 서로 불신하고 말도 섞지 않았고, 상호 교류도 혼인도 하지 않았으며, 심지어 의례와 복식까지도 서로 다른 방식을 취했던 조선조 시대의 전근대적 '붕당' 질서와 '당쟁' 관습이, 말로는 근대적 선진문명 민주주의 국가인 21세기 한국 사회에서 그대로 유지, 복제, 재현되고 있는 것이다. 이러한 경향은 정치적 관심과 지식 수준이 높은 국민 층에서 더욱 극심하게 나타나고 있다.

가족 안에서는 세대 구성원 사이에서, 학교에서는 학생과 교사 사이에서, 직장에서는 노동자와 자본가 사이에서, 사회에서는 남성과 여성 사이 그리고 연령층 사이에서, 거주지역에서는 수도권과 지방, 영남과 호남 사이에서, 정치계에서는 여당과 야당 사이에서 상대방 진영에 대한 비하 · 조롱 · 혐오 등 공격성 언어와 욕설이 범람하고 있다. 사회 곳곳에서 민주적이고 평화로운 대화의 풍토가 무너져내리고 있다. 한국 사회 곳곳에서 웃음과 미소가 사라지고, 상호 배려와 존중의 기풍이 무너지고 있다. 예절 언어와 겸양 언어는 위축되고, 야유 · 조롱 · 악담 · 조소 · 막말 · 저주 · 욕설 · 테러가 각종의 대화와 토론을 질식시키고 있다. 사회정치적 경계선 밖에 있는 타인을 공존 가능하고 협상 가능한 집단으로 인정하지 않고, 오직 타도 · 축출 · 배타의 대상으로 적대시하는 경향이 갈수록 심화하고 있다. 즉, 한국 사회 곳곳에서 대화 · 토론 · 합의의 토대, 즉 '소통 질서' 또는 '사회적 커뮤니케이션 세계the social communication-world'의 붕괴 현상이 목격되고 있다.

사회 전반에서 공동체적 · 유기적 연대의 기반이 파괴되고 있다. 한국 사회에서 발현하고 있는 세계 최고 수준의 자살률, 최저 수준의 출생률, 매우 낮은 혼인율, 우울증 · 조울증의 확산, 무차별적 폭력 사건의 빈발은 이러한 공동체적 유대 기반의 상실과 직간접의 관련을 맺고 있다. 그 결과 한국은 사기범죄의 발생 건수가 급증하고 있는 나라, 세계 최고 수준의 갈등 비용을 지불하고 있는 국가로 조사되고 있다. 갈등은 특히 정치 영역에 오면 총성 없는 내전 상태로 치닫고 있다. 정치세력 또는 '붕당' 간 분열과 갈등은 이제 이기느냐 당하느냐, 죽느냐 사느냐 하는 생명을 내건 혈투의 양상으로 전개되고 있다.

한국 언론과 소통 질서의 붕괴

한국 사회의 소통 질서 교란과 '커뮤니케이션 세계'의 변질은 거시적 사회 정치 질서, 즉 한국 민주주의와 국가 공동체를 존립의 위기에 몰아넣는 한편, 국민의 미시적 생활세계까지 위축시키고 병들게 하고 있다.

작금의 한국 사회가 당면하고 있는 이러한 전면적 위기의 근원에는 한국의 언론이 비중 있는 위치를 점유하고 있다. 한국 언론은 국민 분열 과정에 적극적으로 참여하거나 깊숙이 가세하고 이를 부추기는 양상을 보여주고 있다. 극단적 정치 편향 보도를 주도하는 일부 언론은 심지어 특정 정치세력 또는 정치인들과 암암리에 적극적으로 결탁 또는 협업하면서 각종 가짜뉴스, 괴담 뉴스, 왜곡 보도의 확산과 편파 편집을 주도하고 있다. 고도로 정파 편향적인 뉴스 보도, 영상 편성, 해설, 평론, 토론이 한국 언론에서 빈번하게 관찰되고 있다. 최근에는 일간신문들과 방송들은 물론, 1인 유튜브 방송까지도 강도 높은 정파 편향 언론 대열에 합세하고 있다. 심지어 공영방송들까지도 정치 편파 방송, 정치 선전 방송으로 전락하고 있다는 비판까지 제기되고 있다. 현대의 다양한 뉴미디어의 등장, 가령 SNS, 유튜브, 트위터, 1인 미디어, 인터넷 포털의 등장에 따른 뉴스 채널의 급속한 확대가 한국 언론의 이러한 정치 편향성을 완화하는 것이 아니라 반대로 더욱 강화하는 모순을 낳고 있다.

그 결과 한국 언론은 정치권 밖에 존재하는 '제4부'가 아니라, 자신들이 직접적으로 국가 정치와 운영에 참여하고 관여하는, 조선왕조의 언론삼사와 동질적인 '국가 권력기관', 즉 '제1부'로 회귀하고 있다. '정치의 고유 영역'(제1부)과 '언론의 고유 영역'(제4부) 사이의 구분이 사라지면, 정치 자체를 정치 외부의 독립 지대에서 매개 · 견제 · 비판하는 언론의 공론장 the public sphere 역할은 막을 내린다. '제1부'로서의 언론은 공정성과 중립성을 버리고 정쟁 정치의 선전 선동 도구 또는 조선왕조 시대의 언론삼사와 유사한 '붕당' 정치의 권력투쟁 수단으로 변질하기 때문이다. 그렇게 되면 국가 공동체의 공공 이슈에 관하여 언론으로부터 정보를 얻을 수밖에 없는 일반 국민까지 선전 선동과 정파적 권력투쟁에 동원되고 편승하지 않을 수 없게 된다. 언론이 붕당 정치의 핵심 권력투쟁 기구로 변질하여 정파성을 강화하면 할수록, 정치 세계와 일반 국민의 생활세계 안에서는 사회 · 정치적 현안과 쟁점에 관한 대화와 토론의 영역에서 이성 · 규율 · 절제 · 분별 · 사려 · 존중 · 타협의 정신은 더욱더 소실되고 억지 · 우김질 · 떼쓰기 · 떠넘기기 · 모략 · 정쟁 등 '분열 담론'이 만연하게 된다. 사회의 모든 영역에서 대화와 토론은 이성의 영역에서 신앙의 영역으로 이관되어 대립 당사자들 또는 세력들 사이의 분쟁과 폭력적 전투 현장으로 변모한다. 결국에는 민주적이고, 평화롭고, 열려 있는 '대화'와 '토론'은 '소통 세계'로부터 '파멸적 축출'을 피할 수 없게 된다.

'떼론'의 발호와 '소통폐색'의 범람

한국 언론이 중립적 공론장 역할을 포기하고 당쟁 정치의 주체로 변모하는 사이, 일반 국민까지 이러한 당쟁 질서에 동원, 편입되었다. 언론의 주도하에 국민들도 각자 자신이 동조하는 파당으로 헤쳐 모이면서 상호 분열하게 되었다. 이제 사회도 국가도 유기적 공동체성을 유지하지 못하고 조선왕조 시대의 '붕당'들과 유사한 대립적 '파당'들의 단순한 기계적 집합으로 대체되었다. 21세기의 한국 사회와 정치 질서는 근대적 시민사회와 민주정치 국가로 외견상의 치장은 갈아입는 데 성공하였지만, 그 내면적 · 심층적 작동 방식에서는 여전히 조선왕조 시대의 전근대적 사회정치 질서, 즉 '붕당' 체제와 전통을 그대로 온존, 유지, 재생하고 있는 것이다.

그 결과 '사회적 소통 세계'도 파멸적 붕괴를 맞이하게 되고, 한국의 사회 정치 체제는 본격적으로 '붕당' 정치와 '떼론'의 시대로 복귀하게 되었다. '떼론'은 국가 공동체를 지탱하던 '공중 the public'이 해체되어, 특정 이념 또는 신념을 중심으로 상호 분열 · 갈등하는 대립적 '붕당' 또는 '떼 the herd'나 '빠' 또는 '파'들을 중핵으로 삼는 이질적 소분파로 분열되면서, 이들 사이에서 필연적으로 발생하게 되는 떼싸움, 즉 '붕당' 간 폭력적 난타전을 먹이로 삼아 생성되고 성장하는 '유사 정론' 또는 '거짓 공론' 질서이다. 또한 '떼론'은 '떼/파/빠'들 사이에서 각자

입만 살고 귀는 죽은 상태, 즉 '말문'은 봇물 터지듯 열리지만 '말귀'는 꽉 닫힌 상태에서 발생하고 번창하는 상호 공격적인 고함질 여론 체제 또는 의견 질서이다. 특정 '붕당'의 나팔수가 앞장서서 한마디로 선동하면 연이어 그 붕당 전체가 소리 높여 이에 동조·화합하며, 마침내 그 붕당 소속 언론기관과 지지 세력까지 일제히 이에 합세·연합하여 전국민적 '떼창'이 연출된다. 이러한 붕당-언론-국민 3자가 연합하여 주도하는 집단적·조직적 세력 동원에 기반한 선전선동과 정치투쟁 방식은, 당파-언론삼사-성균관-유생세력이 결합하여 운영하던 조선 왕조 시대의 '붕당' 정치에 기반한 당쟁 방식과 높은 동질성과 반복성을 보여준다.

외부로부터 근대적 '민주제도'들을 수입, 이식하고 빠른 경제성장과 압축적 근대화를 이룩하고 난 오늘날의 한국은 외견상 근대적 시민사회와 수준 높은 민주정치까지 정착시켜낸 모범적 선진근대국가로 착시하도록 유도하고 있다. 그러나 맨눈으로 쉽사리 간파되기는 어렵지만, 조선조 이후 지속적으로 반복 재생되면서 한국의 사회 및 정치 질서의 골수에 각인되어온 이와 같은 '붕당' 정치의 뿌리 깊은 폐단과 관습적 패턴에 주목하지 않고서는, 겉으로 화려하게 발달한 미디어 세계와 주말마다 끊임없이 반복되는 자유로운 대중시위, 논객들과 대중들의 거침 없는 상호 성토전들, 연중무휴로 열리는 국회 청문회와 몸싸움 속 그 어느 곳에서도 만족스러운 민주적 대화나 토론을 찾아보기 힘들며, 그 근원적 원인과 인과관계를 이해할 수 없게 된다.

대중의 '입'과 '귀'가 규율discipline, 사려prudence, 절제moderacy를 상실할 때, 즉 소통의 자유가 방종으로 변질 · 타락할 때 이러한 소통 파괴적 악성 여론 질서가 발현 · 번성한다. '떼론'이 번창하면 대중의 '입'은 거침없이 활짝 열리지만, 반대로 '귀'는 꽉꽉 막힌 상태에서 만인이 서로 떠들며 고함지르는 혼돈의 '중구난방(衆口難防)' 상태가 도래한다. 그 결과 건강한 소통 질서는 도저히 수습 불가능한 난장판 상태, 즉 드높은 '고함'이 차분한 '음성'을 압도 · 축출하는 '소음'의 지배 체제, 또는 조선조 시대의 율곡이 언급했던 '유호무문(籲呼無聞)', 즉 서로 아우성치며 호소해도 어떤 말도 서로에게 전혀 들리지 않는 병적 혼돈 상태로 전락하게 된다. 이제 합리적이고 원활한 대화와 토론은 소멸하고 민주적 소통 질서와 의사 결정 체제는 복원 불가능 상태로 무너진다.

'떼론'이 발호하면 '공론장'은 이름과 허물만 남긴 채 실질적으로는 '떼론 장', 즉 떼론 간의 적나라하고 무자비한 권력투쟁 현장으로 변질한다. 국민은 너도 나도 온몸을 붉은 띠로 치장한 채, 각종 기치 창검을 높이 들고 두 주먹 크게 휘두르며, 목 놓아 극단적 정치 구호를 외치면서 '떼론 장', 즉 '유사 공론장the pseudo-public sphere'에 앞다투어 난입한다.

'떼론 장'에는 정치인들뿐만 아니라 언론인 · 지식인 · 대학교

수 · 학자 · 성직자 · 학생 · 교사 · 학부모 · 노동자 · 법조인 · 예술가 · 사회 활동가들이 앞다투어 모여든다. 국가 공동체 안의 모든 하위 영역이 정치에 통합 · 수렴되고 모든 국민은 점차 정치인을 닮아가고 마침내 유사 정치인으로 재탄생한다. 법률 · 학문 · 노동 · 교육 · 환경 · 종교 · 문화 등 사회의 모든 영역은 각각의 독자성과 고유성을 상실하고 정치 세계로 빨려 들어가고, 이에 따라 국가 공동체에서 발생하는 모든 공적 사안과 쟁점들에 관한 대화와 토론은 오직 정치적 권력투쟁 자원으로 변모한다. 남녀노소와 장삼이사에 이르는 모든 국민이 삼삼오오 대오를 갖추어 정치투쟁 대열에 속속 모여들면서 각자 자기 나름의 정파나 진영, 즉 '떼/파/빠'에 가담한다.

'정론'이 약화하고 '떼론'이 대화와 토론을 주도하면 다양한 이익과 관점들 사이의 조정과 합의는 불가능해진다. 이 떼싸움의 과정에서 어떤 의견에 대한 반대편 관점 또는 대안적 해석의 수용 가능성은 처음부터 원천적으로 부정된다. 이성의 역할은 갈수록 축소되고, 감정의 역할은 극단화된다. '떼론 투쟁'의 진행 과정에서 귀는 갈수록 더욱 닫히고, 입만 갈수록 더욱 크게 열린다. '떼/파/빠'들의 눈은 각자 자신들이 보고 싶어 하는 것만을 보고, 귀는 각자 듣고 싶어 하는 것만을 듣고, 마음은 각자 믿고 싶은 것만을 믿으면서, 어느 누구도 '사실'을 보거나 듣거나 믿으려 하지 않게 된다. 폭력적 무질서와 이전투구의 혼란이 지배하는 '떼론 장' 안에서 올바른 의미의 대화와 토론은 '장'

밖으로 밀려나 쇠진과 소멸의 길을 걷게 된다.

한국 사회와 국가 공동체의 위기

오늘날의 한국 사회와 정치는 '정론' 또는 '공론'이 아니라 '떼론'이 장악하고 있는 것으로 보인다. 떼론은 전 국민의 비뚤어진 '말문'이 제한 없이 열리면서 의견 표명을 폭발적 수준으로 끌어 올리기 때문에, 일견 국민의 직접 참여 민주주의를 가일층 진전시키는 긍정적 현상으로 착각하게 한다. 그러나 의견 집단들 사이의 떼론 투쟁이 진행될수록 상호 대립하는 의견들은 각각 처음보다 더욱 공고하고 왜곡된 절대 교리, 결사적으로 옹호해야 할 절대 신념으로 진화해나간다. 절대화된 교리와 신념들을 견제하거나 검증할 수 있는 객관적 수단들은 사라진다. 절대 신념의 세계에는 과도하고, 무분별하고, 일방적이고, 극단적인 전투 어휘들만이 번창하고, 실제와 진실은 사라지고 왜곡과 편파만이 득세한다. 대화와 토론의 시작 · 중간 · 결론 그 어디에도 양보 · 조정 · 변화 · 수용 · 타협이 존재하지 않게 된다. 육박전이 벌어지는 신념 전투의 참호 안에서 발생하는 모든 대화와 토론은 상대방을 폭력적으로 제압하거나 굴복시키는 것만을 유일한 목표로 삼는다. 협상은 없고 협박만 남는다. 열린 토론은 없고 항상 닫힌 토론만 존재한다. 극심한 떼론 투쟁은 항상 민주주의 · 공론장 · 공동체의 건설이 아니라 파괴를 촉진한다.

'떼론'에 잠식된 대화와 토론에서는 예외 없이 그레셤의 법칙Gresham's Law이 작동한다. 떼론 질서 안에서는 가장 저급한 목소리와 억세고 높은 목청이 차분하고, 정돈되고, 성숙한 음성에 비하여 크게 들리고, 전자가 후자를 축출한다. 불법이 합법을 이기고, 괴담이 과학을 능멸한다. 도그마가 합리적 추론을 억압한다. 억지와 생떼가 상식과 양식을 물리치면서 여론의 질이 추락한다. 이성적 · 합리적인 의견과 사려 깊고 균형 잡힌 관점은 무력화되고 소멸한다. 극단적 감정에 북받친 자들의 맹렬한 절규와 아우성들만 살아남아 정치 세계와 생활세계를 장악한다. 신념 그 자체가 사실보다 더욱 강력한 증거 능력을 가지게 된다. 마침내 거짓이 진실을 참칭하고, 그 자리를 찬탈한다. 민주 공동체의 기초인 대화 · 토론 · 설득 · 조정 · 합의와 같은 상식과 합리의 갈등 해결 방식이 무너지고, 사회에서 존중 · 겸양 · 예절 · 매너 · 배려 · 겸손 · 양보 · 절제와 같은 '시민적 덕성civic virtues'들이 약화 · 소진되며 민주 공동체와 문명사회의 기초가 무너진다.

바로 여기에 현대 한국 민주주의와 국가 공동체 붕괴 위기의 본질과 핵심이 놓여 있다는 점을 통찰할 필요가 있다. 국가 외부로부터의 무력 침략보다 훨씬 더 가공할 만한 내부의 분열과 갈등, 즉 국가 내부에서의 세력 간 전쟁이 총체적 국가 분열과 공동체 위기의 근원으로 작용한다는 자각이 요청되고 있다. 고대의 아리스토텔레스Aristotle와 투키디데스Thucydides로부터 근대의 마키아벨리Machiavelli, 토크빌Tocqueville, 현대의 월터 리프만Lippmann, 오르테가 이 가세트Ortega y Gasset, 슘페터Schumpeter, 아렌트Arendt, 조지 오웰Orwell 등에 이르는 수많은 사상가들이 공동체 안에서 시민이 함께 살아가겠다는 의지와 타인에 대한 고려가 쇠잔해가고, 통합과 합의가 실현 불가능하며, 협동과 동료애가 무너지고, 당파 싸움과 내부 분열, 상호 불신과 증오심이 짙게 깔린 각자도생의 사회질서를 국가 공동체의 해체 또는 전체주의 도래의 토양으로 파악했던 점을 기억해야 한다.

'떼론'이 지배하는 소통 질서 안에서는 항상 '소통폐색communication impasse'이 만연한다. 떼론이 범람하여 '떼론의 전제정tyranny'으로 심화하면 필연적으로 만성적 '소통폐색'을 낳고, 최종적으로 이상적 민주주의의 몰락 또는 국가 공동체의 해체를 유발할 수 있다. 떼론 투쟁은 국가 사회적 주요 사안들을 진실 규명과 문제 해결의 대상이 아니라 '붕당' 간 정쟁의 대상으로 변질시킨다. 떼론 투쟁 속에서는 쟁점과 사안에 대한 합의된 '정의definition'도, 합리적 대화와 토론도, 합의된 해결도 얻을 수 없게 된다. 떼론 세력들 사이의 갈등과 반목의 심화만 남게 되고, 국가 공동체 내부 전반에는 '소통폐색'이 만연하고 국정마비 상태가 고질화한다. 국가 공동체의 주요 현안은 해결 없이 방치되고 누적된다.

'소통폐색'이 심화하면 그 어떠한 법과 공권력도 무력화되기 때문에 국가기관도 힘을 잃게 되고, 종래에는 정치적 갈등이나 대립을 조율할 수 있는 권위 체계authority system 자체까지 무력화된다. 순탄한 의사 결정 과정을 통한 현안 및 문제 해결이 불가능해지고, 마침내 정치적 조정 능력steering power과 민주적 국가 운영 능력, 즉 '통치기반governability'까지 무너진다. 이제 그 누구도 공동체 내부의 공적 현안을 민주적·합법적으로 처리하고 해결해낼 통치력의 주체로서 작용할 수 없는 무정부 상태까지 발생할 수 있다. 이 경우 각종 불법이 행정을 무력화시킨다. '떼법'이 '준법'에 우선한다. 공적 현안들의 해결은 당사자들 사이의 합리적 대화와 토론과 그에 따른 합의가 아니라, 관련 당사자 중 어느 일방의 압도적 힘의 우위에 기반한 일방적·강제적·폭력적·파괴적 방식에 내맡겨진다.

이처럼 국가 공동체 안에 민주주의적 대화와 합의에 기초한 통치력, 또는 유효한 지도력을 발휘할 정치 주체가 무력화된 상황, 즉 무정부 또는 아노미anomie 상황이 상시화·고질화하면, 국가 공동체는 다음 두 가지 중 어느 한 가지의 위기 상황에 봉착하게 된다. 첫째로 국가 공동체는 그 자체의 유지와 경영 능력을 상실하게 되면서 국력의 급격한 소진이 불가피해지고, 심지어는 붕괴나 멸망의 위기에 직면할 수 있다. 둘째는 이러한 국가 공동체의 쇠망을 막아내기 위한 대안적 선택으로 우파 독재 체제나 좌파 전체주의 체제와 같은 '강력하고 무자비한 손strong and merciless hand'의 출현을 국민이 대대적으로 바라고 지지하는 상황이 도래할 수 있다. 그 어떤 정치 주체나 국가기관도 수습 불가능한 총체적 통치력 붕괴ungovernability와 조정 권력steering power 상실 상황을 효과적이고 신속하게 종식할 수 있는 유일한 방안으로 폭력적 독재 권력에 기초한 강제적 · 억압적 · 전면적인 국가 장악밖에는 상상하기 어려워지기 때문이다. 군사독재라는 우파 독재 체제를 오래전에 경험하고 이를 극복해낸 민주화 과정을 이미 거쳐온 한국 정치가 이러한 과거의 우파 독재 체제로 회귀할 가능성은 매우 낮아진 상태이다. 떼론 질서와 소통폐색에 사로잡힌 오늘날의 한국 정치에 남아 있는 다른 한 가지 가공할 만한 옵션은 좌파 독재 또는 좌파 정당의 장기 집권의 형태로 구체화할 가능성을 검토해 볼 수 있다.

민주적 대화와 토론의 복원

소통 질서의 붕괴 및 대화와 토론 상실의 어두운 시대를 겪고 있는 한국 사회는 역설적으로 이러한 현실을 극복하여 건전하고 민주적인 소통 질서를 복원해내야만 할 절체절명의 시대적 요청에 부름받고 있다. 모든 국민의 입이 자유롭게 열린다는 것은 민주주의의 필요조건이 될 수 있을지는 모르나, 어떤 경우에도 그 자체만으로 충분조건을 구성할 수는 없다. 구속 없고 제한 없는 언론의 자유와 표현의 자유 역시 이와 마찬가지로, 그것만으로 민주정치의 토대를 제공할 수는 없다. 책임감 없이 방종한 언론의 자유와 표현의 자유는 민주적 대화와 토론을 담보해주는 것이 아니라 그 반대로 이를 해칠 수밖에 없다. 만인이 아무런 거침과 제한 없이 자발적으로 '입'을 열어 마음껏 자기 목소리를 드높일 수 있다는 것 자체는, 역설적으로 민주적 대화와 토론의 토대를 붕괴시켜 '민주주의'의 토대를 파괴하거나, 아예 극단적으로는 반민주적 '전체주의'의 통로를 제공할 수 있다는 점을 바로 인식해야 한다. 자유롭게 열린 '입'과 '혀'가 '붕당' 간의 정파적 떼론 투쟁의 도구로 타락할 때, 그것은 민주적 공동체의 '건설'이 아니라 그것의 '해체'를 가져올 수 있다. 방종에 의하여 타락한 '열린 입'의 자유는 '대화' 대신 '독설'을, '토론' 대신 '언쟁'을, '합의' 대신 '독재'를, '공존' 대신 '분열'을, '평화' 대신 '폭력'을, '정론' 대신 '떼론'을 부추기고, 그 결과 '민주주의' 대신 '전체주의'의 토양을 비옥하게 하기 때문이다.

민주적 대화와 토론은 시민들의 자유분방하고 구속 없는 '입놀림'만에 의하여 성립하는 것이 아니다. 그것은 어떤 '대화'와 '토론'이 사회 공동체의 공적 '문제 해결problem-solving'을 도모하는 이질적인 구성원들 사이에 공유된, 미리 제도화된

institutionalized 규칙과 규범에 의하여 감독되는norm-governed 경우에만 성립한다(Michael Schudson). 그것은 중구난방식으로 떠들어대는 무규범 상태에서의 입씨름이 아니라, 공동체의 중요 쟁점들에 관한 상이하고 대립적인 관점들의 교합이 불가피하게 표출시킬 수밖에 없는 '불편함'과 '갈등 요소'를 효과적으로 인내 · 수용 · 조정해나가면서 최종적 '문제 해결' 방안과 합의의 도출이라는 높은 가치를 실현해내기 위한 고통스럽고 험난하고 창조적인 협의의 과정이다. 따라서 참된 민주적 대화와 토론은 이질적 · 대립적 참여자들 간의 상호 존중과 공존을 위한 '시민 정신civility'과 '공공 정신publicness', 그리고 미리 제도화된 토론의 규칙에 대한 학습과 공유가 전제되지 않고서는 실현되기 어렵다는 것이다.

언론과 표현의 자유는 무제한의 자유일 수 없다. 대화와 토론은 누가 더 힘이 센가, 누구의 말발이 더 강한가, 누가 이기고 누가 지느냐를 결정하기 위한 정쟁, 즉 '붕당' 기반의 '떼론 투쟁' 수단으로 활용되어서는 안 된다. 그것은 사실과 쟁점의 명석한 해명을 위하여 어두움에 둘러싸인 사안들에 불을 밝히는 고귀한 수단으로 격상되어야 한다. 그것은 오직 때 묻지 않은 밝은 눈, 열린 가슴, 맑은 정신을 유지하면서, 개인의 좁고 강고한 주관 · 신념 · 고집의 유혹에 매몰되지 않는 공평하고, 넓고, 열린 식견의 등불인 개인 초월적 '상위 법the higher law'에 의하여 규율되는 '민주 시민'들만이 주도할 수 있다. 민주적 대화와 토론은 그것의 시작 시점부터 종료 시점까지 '협동적으로 토론'하는 과정이다. 그것은 두 상대방 각각이 이미 가지고 있는 기존의 의견에 비하여 더욱 높은 수준의 지혜를 얻기 위한 협동과 창조의 작업이 되어야 한다. 민주 시민의 양성은 바로 이러한 대화와 토론의 규범 · 원리 · 책임을 교육 · 훈련 · 경험 · 체득시키는 교육 과정에 달려 있다. 민주적 대화와 토론의 기풍을 조성하기 위해서는 국민 일반과 언론인에게 '가치 자유 Wertfreiheit'의 정신, 즉 자신들의 신념 · 이념 · 가치로부터 스스로 자유로워질 수 있는 가치 독립적 태도를 체득할 수 있게 하는 사회적 풍토가 먼저 조성되어야 한다. 가정교육, 학교교육, 사회교육은 바로 이러한 민주적 대화와 토론 능력의 함양에 봉사해야 하고, 이러한 과정을 매개할 수 있어야 한다. 한국 정치는 외양과 무늬만 근대적 민주 정치인 채로, 안통과 실체는 전근대적인 '후기 붕당정치' 또는 '신붕당정치' 체제로 연명하고 있는 현실을 직시하고 이를 혁신해내야만 한다. 조선 왕조의 붕당 간 당쟁 질서를 청산, 극복하여 현대적 민주주의의 신질서로 재편되어야 한다. 전근대적 '붕당' 기반의 '떼론 정치'가 근대적 '정당' 기반의 '정론 정치'로 대체되어야 한다. 이와 함께 언론인은 자신들이 가지고 있는 개인적 신념이나 정치 이념을 전 국민에게 확산시켜 자신들의 주도하에 자신들이 원하는 방식으로 세상을 재편하기 위한 정치투쟁과 권력투쟁의 수단으로 언론을 활용하려 해서는 안 된다. 정치투쟁은 언론 본연의 사명이 아니다.

민주적인 대화와 토론의 기풍이 조성되어 이 나라에서 더 이상 '전근대적 붕당'이 '근대적 정당'을 대체하거나 '떼론'이 '공론'을 참칭할 수 없는 참된 민주 정치가 부활하고, '떼론 장'이 사라지고 그 자리에 참된 '공론장'이 복원되기를 희망한다. 편파 보도와 권력투쟁에 잠식된 정파 언론의 암흑 시대가 극복되기를 기대한다. 더 이상 '이념'의 쓰나미에 '사실'이 침몰하지 않으며, 명분과 이념으로 분장한 '독선'에 의하여 '객관'이 압살되지 않는 새로운 시대, 만연하고 있는 '떼론 투쟁'과 '소통 폐색'이 한국 민주주의와 국가 공동체 존립 기반을 위기에 몰아넣는 암울한 상황이 극복되는 밝은 미래를 기다린다.

정치는 소통이다

김홍우*

'정치란 무엇인가?'라는 물음은 정치학을 성립시킨 기본적 질문 중의 하나이다. 여기에서 '정치'의 의미를 다시 한 번 묻는 것은 정치학의 출발점으로 되돌아감을 뜻한다. '정치(政治)'라고 말할 때의 '政' 자는 한자어 '正'과 '文'의 복합어로, '바른 글' 혹은 '바른 문자'로 풀이된다. 그러나 식자층이 지극히 희소했던 시기에, 문자에 대한 이미지는 일반인에게는 접근 불가능한 일종의 암호화된 '상형문자hieroglyphic'였고, 이 같은 '암호 문자의 바른 해독'에 함축된 의미는 다름 아닌 '바른 소

---

*김홍우는 전 서울대학교 정치학과 교수로, 미국 조지아대학교에서 정치학 박사 학위를 받았다. 대표 저서로 『현상학과 정치철학』 『삶의 정치, 소통의 정치』(공저) 『가치와 한국 정치』(공저) 『한국 정치의 현상학적 이해』 『정치사상과 사회 발전』(미수 기념 문집) 등이 있다.

통'에 있었다고 보아야 한다.

정치의 핵심을 '바른 소통'에서 찾는다는 것은 모든 소통이 항상 왜곡될 위험성에 노출되어 있다는 뜻이며, 이는 정치적 장(場)의 특성을 단적으로 표현하는 말이기도 하다. 현실 정치의 장은 진공 상태로 존재하지 않는, 말하자면 다양한 세력이 집결해 있는 힘의 플레나plena라 할 수 있다. 정치적 장내의 여러 세력은 끊임없이 힘겨루기를 하며—헤겔은 이것을 주인과 노예의 투쟁이라고 부른다—이 과정에서 힘의 결탁과 분열이 이루어진다. 이런 점에서 정치적 장은 '플레나'일 뿐만 아니라 '아레나arena'이기도 하다. '아레나'에서 표현되는 의견은 굴절될 수밖에 없다. 그것은 때로는 과장되기도 하고, 축소되기도 하며, 날조되기도 하고, 은폐되기도 한다. 어떤 점에서 정치적 아레나에서의 성패는 굴절된 메시지를 올바르게 해석해내는 능력과 기지에 의존한다고 봐도 지나침이 없다. 이와 관련해 크세노폰Xenophon의 『히에론Hieron』을 다시 읽어볼 필요가 있다. 평민 시절의 히에로Hiero에게는 상대방의 호의가 '자발적인 것willingness'인지 아닌지를 구분하는 것이 특별히 문제되지 않았다. 그러나 군주가 된 뒤로 그는 사람들의 '자발성'을 식별하는 것이 거의 불가능하다는 것을 알게 되었다. 마침내 그는 자발적 사랑을 원하면서도, 그 자발성이 참인지 거짓인지를 분간할 수 없게 되었다고 시모니데스Simonides에게 실토한다. 히에로의 이야기는 정치적 장에서의 올바른 소통이 얼마나 어려운지를 드러내는 한편, 바로 이와 같은 어려움 때문에 정치적 장이야말로 바른 소통의 요구가 가장 강렬하게 분출되는 역설적 장임을 방증한다.

오늘날 푸코Foucault와 사이드Said는 히에로의 입장을 보다 정교하게 발전시킨 좋은 예이다. 사이드에 의하면, '동양을 연구 대상으로 삼는 유럽인이나 미국인'은 '하나의 개인, 즉 자연인으로서 동양과 만나'는 것이 아니라 '유럽인이나 미국인으로서', 다시 말하면 '강대국의 국민'으로서 '동양과 대면'하게 되며, 따라서 이들 '유럽인'이나 '미국인'의 연구는 동양의 '진실truth'을 있는 그대로 밝혀주기보다는 동양에 대한 그들의 '표상representation'과 선입견을 양산한다는 것이다.[1]

그러나 필자는 이들의 주장에 동의하면서도, 부분적으로는 의견을 달리한다. 필자가 여기서 주장하려는 것은 한마디로 '바른 소통에 대한 가장 근본적인 장애는 정치 그 자체에 있기보다는 정치를 가장한 이른바 소유 지향성에 있다'는 것이다.

첫째, 필자는 물건의 교환과 의견의 교환 간에는 근본적 차이점이 있다고 본다. 예컨대 물건 A와 물건 B를 교환할 경우, 교환되는 물건 A를 양도하지 않고서는 교환하려는 물건 B를 얻을 수 없다. 이런 점에서 물건의 교환은 원칙적으로 제로섬 게임이다. 반면 의견 교환의 경우는 이와는 전혀 다르다. 의

---

1 에드워드 사이드, 『오리엔탈리즘』, 박홍규 옮김, 교보문고, 2007, 31~48쪽.

견 A를 말했다고 해서 A의 소유권이 말한 사람으로부터 완전히 박탈되는 것은 아니며, 의견 B를 들었다고 해서 들은 사람에게만 B의 소유권이 전유되거나 독점되는 것도 아니다. 의견을 말할 경우 그 의견은 때로는 더욱 분명한 방식으로, 때로는 보다 불투명한 방식으로 재생산되어 말한 사람이나 듣는 사람 모두가 공유하게 된다. 어떤 점에서 의견은 소유하는 동시에 남과 더불어 공유할 수 있는 유일한 존재라고 할 수 있다. 의사소통의 과정은 계속되는 재생산을 통한 공유화의 과정이라 할 수 있고, 이 과정이야말로 엄밀한 의미에서 사적 영역은 존재하지 않고 오직 공적 영역만이 존재하는, 그리고 또 그것이 계속 확장되어 나가는 세계라 볼 수 있다. 의사의 교환은 한마디로 물건의 교환과는 판이한 논제로섬 게임non-zero sum game에 속한다.

둘째, 그럼에도 많은 사람이 물건의 교환과 의견의 교환 간의 근본적 차이점을 간과하고, 사실상 의견의 교환을 일종의 물건의 교환과 같은 것으로 동일시한다는 점이다. 박승관 교수는 우리 사회 '커뮤니케이션 체제'의 네 가지 특징을 다음과 같이 기술한다. 1)공식적 커뮤니케이션 부문과 비공식적 커뮤니케이션 부문 간에 '이원화'된 체제, 2)핵심적 의사 결정 과정이 공식적 부문보다는 비공식적 부문에 의해 주도되는 체제, 3)공식적 커뮤니케이션 부문이 비공식적 커뮤니케이션 부문에 의해 '식민화' 또는 '예속화'된 체제, 4)공식적 부문이 비공식적

부문의 곁치레 장치에 불과한 체제라는 것이다.[2]

이어서 박 교수는 우리 사회의 커뮤니케이션 세계에서 발견되는 가장 두드러진 현상은 '사사화(私事化)'라고 지적한다. 그에 의하면 '사사화privatization'는 '커뮤니케이션 양식의 개인화 · 분절화 · 대립화'를 뜻한다. 이러한 '사사화'는 '공동체 지향성'을 쇠퇴시켜 결과적으로 '막힌 사회, 구조적 유연성을 상실한 비탄력적 자기중심주의 사회'를 가져온다는 것이다. 이런 경우, '비록 사회의 커뮤니케이션 역량이 급속히 증가'한다 하더라도 '확장된 커뮤니케이션 역량'은 오히려 일종의 음모 문화의 형성을 가속화시킬 뿐이라는 극히 비관적 견해를 피력한다.[3]

필자는 박 교수가 말한 '사사화'를 '소유'의 지배하에 있는 '소통'으로 이해하는 한편, 이에 수반되는 '홍보화'를 '소통'을 가장한 '소유'로 보고자 한다. 소유 지향성은 마치 미다스 왕의 손처럼 가는 곳마다 모든 것을 '사적인' 세계로 바꾸어놓는 강력한 힘을 갖고 있다. 일찍이 마키아벨리도 '사람들이 흔히 유산의 상실보다도 아버지의 죽음을 더 빨리 잊어버'리는 경향이 있다고 지적한 바 있다. 그러나 인간의 집요한 소유 지향성에 대해서는 『구약』의 「출애굽기Exodus」 이상으로 적나라하게

---

2 박승관, 『드러난 얼굴과 보이지 않는 손』, 전예원, 1994.

3 앞의 책.

보여주는 예도 없을 듯하다. 이집트의 '바로Paraho'는 이스라엘인에 대한 그의 기존 소유권을 일거에 모두 포기하라는 모세—가진 것이라고는 지팡이밖에 없는 모세—의 일견 어처구니없는 요구에 대해 처음에는 냉담하게, 다음에는 동의와 번의를 반복하는 기만으로, 그리고 마지막에는 절망적 포기 상태에서도 결코 자신의 소유물을 포기하지 못하는 처절하리만큼 집요한 소유 지향성의 근성을 유감없이 보여준다.

그러면 인간의 집요한 소유 지향성을 극복할 수 있는 길은 무엇일까? 필자는 '소유'가 '소통'의 지배하에 들어가도록 길들이는 것만이 유일한 길이 되지 않을까 생각한다. 그러나 과연 소유가 소통에 복종하도록 길들일 수 있는 것일까? 필자는 이것이 바로 정치철학의 근본 문제라고 본다. 플라톤적 표현을 빌려 말한다면, '대단히 불확실한, 그러나 불가능하지 않은very improbable, but not impossible' 게임이거나 '모험'이라는 점을 강조하고 싶다.

셋째, 소통이 소유를 지배하는 정치와 이와는 반대로 소유가 소통을 지배하는 정치는 질적으로 다른 두 개의 정치로 구분되어야 한다. 전자, 즉 소통이 소유를 지배하는 정치를 '참된 정치authentic politics'라 한다면 후자, 즉 소유가 소통을 지배하는 정치는 '유사 정치pseudonymous politics'에 해당된다. 그리고 이 두 정치에 대응하는 인간형으로서 '정치가statesman'와 '정치인politician'을 각각 구분해볼 수 있을 것이다.

'유사 정치'에서는 정치를 '전리품' 획득을 위한 하나의 소유 활동으로 파악한다. 이것을 이론적으로 정당화시켜 주는 것이 실력설(實力設)과 가산제(家産制) 국가론이다. 가산제 국가론은 국가를 일종의 세금 징수 기관으로, 다시 말하면 하나의 거대한 수취 체계(收取體系)로 본다. 그리고 여기서 획득된 '수취물'들이 어떠한 방식으로 배분되느냐에 따라, 다시 말하면 세습적인 방식이냐 아니면 자유로운 계약의 방식이냐에 따라 봉건적 가산제 국가론과 부르주아적 가산제 국가론으로 양분된다. 로버트 필머Robert Filmer는 전자를, 존 로크John Locke는 후자를 비교적 상세하게 각각 검토한 바 있다. 한 가지 놀라운 사실은 필머의 대표적인 『부권론Patriarcha』과 이를 비판한 로크의 『제1논문The First Treatise of Government』은 정치사상사에서 가장 안 읽히는 저작이라는 점이다. 부르주아적 가산제 국가론은 로크의 『제2논문The Second Treatise of Civil Government』에 잘 집약되어 있으며, 흔히 '계약적 국가론'으로 불린다. 그러나 가산제 국가는 어디까지나 사적 소유물로서, 공적 영역이란 처음부터 존재할 수 없는 국가이다. 국가는 말하자면 하나의 확대된 '가계household'에 불과하다. 한나 아렌트도 이 점을 다음과 같이 지적한다.

> 그러나 가장이 자신의 가족과 노예에게 행사하는 전정치적 prepolitical 힘, 또는 인간이 '정치적 동물'이기 앞서 '사회적'이기

때문에 필수적인 것으로 간주된 전정치적 힘은 혼돈의 '자연 상태'와는 아무런 공통점도 갖지 않는다. 17세기 정치사상에 의하면, 이러한 자연 상태의 폭력으로부터 벗어날 수 있는 길은 권력과 강제의 독점권을 가진 정부의 확립을 통하여 '모두를 공포 속에 있게 하는' 만인의 만인에 대한 전쟁 상태를 철폐하는 것이었다. 반대로 우리가 이해하는 지배와 피지배, 정부와 권력의 모든 개념과 이것들이 지시하는 규정된 질서는 전정치적 개념으로 그리고 공론 영역보다 사적 영역에 속하는 것으로 여겨졌다.[4]

오늘날 상당수의 정치 평론가 가운데서도 정치를 또 다른 형태의 소유로 보는 입장들이 엿보인다. 이들은 다윈과 프로이트를 결합시킨 '신다윈주의자'들로서, 여기서는 정치적 게임을 일종의 암놈 쟁탈전으로, 그리고 정치인을 치열한 경쟁에서 살아남아 'A급 숫놈Alpha male'의 타이틀을 획득하려는 침팬지에 비유한다. 다른 한편 최근에 출간된 찰스 머레이Charles Murray와 리처드 헌스타인Richard J. Herrnstein의 공저 『벨 커브The Bell Curves』는 인간의 지능이 환경적 요인보다는 '유전성heritability'에 크게 좌우된다고 주장함으로써, 인종 문제의 해결에 있어 일종의 필머적 '세습주의'로의 회귀를 보여준다.

그러나 필자는 정치의 진정한 모습을 '소유'보다는 '소통'

4 한나 아렌트, 『인간의 조건』, 이진우 · 태정호 옮김, 한길사, 1996, 84쪽.

에서 찾고자 한다. 소통, 정확하게 말해서 소유 지향성으로부터 자유로운 소통은[5] 공적 영역을 창출하며, 이런 의미에서 공적 영역의 존립은 소통 그리고 이것의 활성화와 명맥을 같이 한다. 정치에 있어 '소통'을 강조한 대표적 인물로 윈스턴 처칠Winston Churchill을 들 수 있다. 케인즈J. M. Keynes는 처칠의 저서 『세계 위기The World Crisis』(1916~1918)에서 이 점을 아주 명쾌하게 지적한다.

> 처칠의 주요 논지는 대체로 각국에서 군사 전문가들, 즉 '별 단 장교들brass-hats'이 군사 정책의 중대한 문제들에 있어 대체로 잘못된 판단을 내린 반면, 정치 전문가들, 즉 '양복 입은 자들frocks'은…(중략)…대체로 옳았다는 주장으로 요약된다.…(중략)…군 참모의 사고방식 전체는 의견의 예속subordination of opinion에 기초하고 있다. 이는 솔직한 친구들과 감시하는 반대자들로 둘러싸인 정치인의 보다 '가벼운 마음light mind'이 올바른 결론을 내리

---

5 David Plotke의 'Dialectic'(진리를 목적으로 하는 토론)과 'Erristic'(승리를 목적으로 하는 토론)의 구분("Race and the Democratic Process", Dissent, Fall 1995) 그리고 Chantal Mouffe의 'agonism between adversary(이질적 요소 간의 진통)'과 'antagonism between enemies(적대적 요소 간의 대결)'의 구분("The End of Politics and the Rise of the Radical Right", Dissent, Fall 1995), 또는 황현(黃玹)이 구분하는 순의(詢議)와 횡의(橫議) 간의 차이(황현, 『매천야록』, 대양서적, 314쪽)는 모두가 동일한 특성을 보여준다. 즉, 전자가 소유 지향성으로부터 자유로운 소통인 데 반해, 후자는 소유 지향성에 포로가 된 소통이라는 점이다.

기 위해 필수적임을 의미했다. 독일의 최종적인 패배는 실상 그들의 강력한 대참모부general staff의 압도적인 힘 때문이었다. 만약 독일 정치인들이 프랑스나 미국의 정치인들만큼 영향력을 가지고 있었다면, 독일은 결코 그와 같은 패배를 겪지 않았을 것이다.[6]

또한 한국 정치의 맥락에서 '소통'의 중요성을 밝혀준 문헌으로는 『독립신문』을 들 수 있다. 1896년 4월 16일자의 '사설'에서 『독립신문』은 이렇게 말한다.

> 관찰사와 원이라 하는 것은 임금이 백성에게 보내신 사신이라. …(중략)… 사신의 직무는 무엇이고 하니 사신 보낸 이와 사신 받는 이 사이에 교제를 친밀히 하자는 것이요, 양편 사정을 통기하여 서로 알게 하자는 것이다.…(중략)… 군민 간에 서로 알게 하는 직무는 관찰사와 원에게 달려 있는데, 근일 관찰사와 원들이 자기 직무들을 잘 못 하는 연고로 경향 간에 통정이 되지 못하여 의심이 난 후인 즉 사랑하는 마음이 없어지는지라, 서로 사랑하는 마음이 없는 즉 한편에서 하는 일을 실상은 어찌하였든지 저편에서 좋아 아니하는 법이니, 지금 조선 형세가 이렇게 된 것은 백성이 정부를 모름이요 정부가 백성을 모르는 연고니, 그 허물은 관찰사와 원이 받을 것이다.

---

6 *The Collected Works of John Maynard Keynes*, Vol. X, pp.46~52.

여기에서 필자는 김항 교수의 『말하는 입과 먹는 입』(새물결, 2009)의 구분에 주목할 필요가 있다고 본다. 김 교수에 의하면, 폴리스는 인간의 입을 두 가지로 구분한다. 하나는 말을 위해서 쓰는 입이고, 다른 하나는 먹기 위해 쓰이는 입이다. 말하는 입이 정치적 삶을 살기 위한 입이라면, 먹는 입은 단순히 필요하거나 유용한 것만을 추구하는 입, 폴리스 이전에 존재하는 사적이고 박탈된private, 또는 밥과 생존을 둘러싸고 먹는 입들 간의 물어뜯는 전 정치적 삶을 살기 위한 입이다. 그러나 김 교수는 "먹는 입"과 "말하는 입"의 분할은 "결정 불가능한 결정"이라고 본다. 왜냐하면 "인간은 먹는 입과 말하는 입 어느 쪽과도 일치할 수 없다"고 보기 때문이다(같은 책, 25~42쪽). 이러한 김 교수의 입장은 사마천의 『사기』의 관점과 다르지 않다.

사마천은 한편으로는 "이(利)를 천시하는 유가(儒家)"와는 달리, "이익을 추구하며 손해를 피하는 무리피해(務利避害: 이익을 추구하고, 손해를 피함)를 고취"하는 주문공(周文公)의 현실주의 입장을 따랐다. 다른 한편 그는 "이(利)의 독점"을 주장하는 영이공(榮夷公)과 같은 패권적 군권주의자(君權主義者)로부터 "공화"정을 보호함으로써 절대 군주로의 회귀를 막고자 했다. 이것은 "안민(安民)", 즉 "정치적 안정"과 직결된 민감한 문제였다. 그러나 여왕(厲王)은 기어이 영이공을 경사로 임명하여 국사를 처리하게 했다. 여왕은 포학치오(暴

虐侈午: 포악하고 사치하며 교만)했고, 백성은 그를 비난했다. 이에 소목공(召穆公)이 세 차례에 걸쳐 여왕에게 간했다.[7]

> 소목공이 아뢰었다. "백성이 명을 감당치 못합니다." 여왕은 이 말에 화를 내고, 백성 중 비난하는 자들을 무사(巫師)에게 감시케 하고, 보고하는 즉시 그들을 죽였다. 그리고 더욱 엄하게 단속하자, 사람들은 더욱 말하지 않게 되었다. 길에서 만나면 서로 눈짓만 했다. 여왕은 기뻐하며 말했다. "내가 비방을 금지하자 그 누구도 감히 비난하지 못하게 되었다!" 이에 소목공은 "이는 억지로 막는 것입니다. 백성의 입을 막는 것은 물을 막는 것보다 어렵습니다. 물이 막혔다가 터지면 다치는 사람이 매우 많습니다. 백성도 마찬가지입니다. 물을 터서 흐르게 하고, 백성은 말을 하도록 이끌어야 합니다. 이것은 마치 우(禹)가 '수로(水路)'를 만들어 물의 범람을 막아낸 것과 같습니다"라고 말했다.[8]

여기에서 주목할 것은 첫째, "먹는 입"과 "말하는 입"을 구분하고, "먹는 입"을 "말하는 입"보다 우선한 점이다. 소목공은 여왕에게 이렇게 말한다. "백성에게 입이 있는 것은 대지에

---

7 김홍우, 「사마천의 공화정에 대한 이해(理解)」, 『한국 정치학과 세계 정치학의 새 비전: 준봉 구범모 교수 미수 기념 논문집』, 뿌쉬낀하우스, 85, 88, 92쪽.

8 사마천, 『사기본기』, 신동준 옮김, 위즈덤하우스, 2015, 144쪽.

산천이 있어 쓸모 있는 것이 모두 여기에서 나오는 것과 같습니다(民之有口也, 猶土之有山川也, 財用於是乎出)." 이를 요약하면 아래와 같다.

민유구(民有口)

↓

유산천(有山川)

↓

재용출(財用出)

그런데 소목공은 더 나아가 이렇게 말한다. "또 대지에 평야, 습지, 옥토가 있어 의식(衣食)이 모두 여기서 나오는 것과 같습니다(猶其有原隰衍沃也, 衣食於是乎生)." 이를 다시 요약하면 아래와 같다.

민유구(民有口)

↓

유원습연옥(猶原隰衍沃)

↓

의식생(衣食生)

여기에서는 "먹는 입"의 우선성이 "말하는 입"의 우선성으로 전환된다. 즉, "백성이 마음껏 말하게 하면 잘하고 못한 일이 모두 여기서 비롯됩니다. ……무릇 백성은 속으로 생각한 것을 입으로 말하고, 이를 하나의 견해로 삼아 실행합니다(口之宣言也, 善敗於是乎興 ……夫民慮 之於心 而宣之於口 成而行之)"라는 것이다. 그럼에도 "말하는 입"은 결코 "먹는 입"을 배제하거나 억압하지 않는다. 소목공은 이렇게 말한다. "선행을 통해 일이 어긋나지 않도록 미연에 방지하는 것은 그 소이(所以)가 대지에서 재물을 생산해 의식(衣食)을 충족시키는 데 있기 때문입니다(行善而備敗 所以產財用衣食者也)."[9]

다시 말하면, 먹는 입과 말하는 입의 "구분"이나, 오이코스oikos와 폴리스polis의 "분리"는 절대적이지 않으며, 원천적으로는 분리 불가능한 것이라는 말이다. 김항 교수의 표현에 따르면, "결정 불가능한 결정"이라는 것이다.

이런 점에서 서주 공화정(西周 共和政)은 "먹는 입"을 배제하고 순수하게 "말하는 입"에 의존한 그리스적 폴리스와 거기서 꽃피운 폴리스적 민주주의와 차별화된다. 그 후에, 공화주의가 동양 세계에서도 발전하지 못한 이유가 여기에 기인한다고 할 것이다.

결론적으로 '공공성publicity'은 말문을 열고, 그리고 한 걸음

---

9 사마천, 앞의 책, 144쪽.

더 나아가 마음의 문을 '여는opening' 데서부터 시작된다. 이런 점에서, 우리나라에는 '밀실'만 있고 '광장'이 없다고 절규했던 최인훈 씨가 다시 『화두』를 출간한 것도 단순한 우연으로 볼 수 없는 뜻깊은 사건이다. 프랜시스 베이컨Francis Bacon이 자신의 이상 국가인 뉴 아틀란티스New Atlantis를 '저녁부터 아침 사이'에만 볼 수 있다고 말한 것도 같은 맥락에서 이해될 수 있다. 다시 말하면, 하루의 모든 일이 끝난 후 자유롭게 이야기의 꽃을 피우는 저녁부터 아침까지의 시간이야말로 이상 국가의 모습이 우리의 목전에 '실체화embody'되는 순간이라는 것이다.

베이컨의 메타포에는 또 다른 의미가 감추어져 있다고 보인다. 그것은 하루의 모든 일을 마치고 돌아가는 우리들의 진정한 삶의 세계에서는 '소통 지향성'이 '소유 지향성'에 우선한다는 것이다. 그러나 문제는 소통의 '우선성'이 소유의 '우월성'에 의해 항상 위협받고 있다는 점이다. 따라서 뉴 아틀란티스에서 이상 국가의 모습이 매일 우리의 목전에서 실체화될 수 있었던 것은 '소유의 우월성'으로부터 '소통의 우선성'을 지켜주는 섬세한 보살핌caring이[10] 존재했음을 뜻한다. 결론적

10 섬세한 '보살핌'의 반대편에 서 있는 것이 기하학적 '엔지니어링'이다. 엔지니어링은 오늘날 한국 정치·사회 개혁의 기본 모델로 채택되고 있다. 그러나 그 결과는 아주 비관적이다. 이것은 다음과 같은 우화에 의해 잘 집약되고 있다. "옛날에 큰 홍수가 있었는데 이 홍수에 두 개의 생명체가 휩쓸렸다. 즉, 원숭이 한 마리와 물고기 한 마리였다. 재빠르고 경험이 있는 원숭이는 다행스럽게도 나무에 기어올라 격렬한 물결을 피했다. 원숭이가 안전한 나무 위 높은 자리에서 내

으로 정치란 '소유의 우월성'으로부터 '소통의 우월성'을 지켜내려는 인간의 끊임없는 헤라클레스Heracles적 노력이라 할 수 있다.

려다보니 가련한 고기는 세차게 흐르는 물결에 휩쓸려 허우적거리고 있었다. 극진한 선심을 써서 원숭이는 손을 내밀어 물고기를 물결에서 건져 올렸다. …(중략)… 그 결과는 불문가지였다."

대화와 대화민주주의
-'진영'에서 '대화'로, '진민'에서 '주체'로

박명림*

한국 사회의 이중 과잉: 정치 과잉과 진영 과잉

인간의 삶과 공동체는 매우 복잡하며 다양한 요인에 의해 지탱되고 운영됩니다. 인간이나 공동체라는 말에는 출발부터 이미 '직립'이라는 뜻과 '함께' '공동'이라는 뜻이 같이 들어 있습니다. 따라서 개인이 자신과 생각이 다른 사람, 특히 정치적 신념이 다른 사람과 교류하거나 소통하고, 심지어 대화나 식사

---

* 박명림은 현재 연세대학교 지역학협동과정 교수로 정치학, 평화, 문명, 한국 문제, 동아시아 국제관계를 강의하고 있다. 연세대학교 김대중도서관장 및 인간평화와 치유연구센터 소장도 함께 맡고 있다. 고려대학교 아세아문제연구소 연구교수, 하버드대학교 하버드-옌칭연구소 협동연구학자, 프랑스 고등사회과학원과 베를린 자유대학교 초빙교수, 지린대학교 해외석좌교수를 역임했다. 주요 저서로는 『한국전쟁의 발발과 기원 1, 2』『한국 1950: 전쟁과 평화』 등이 있다.

와 같은 사적 활동을 함께하는 것에조차 저항감이나 불편함을 느끼는 사회는 문제가 심각하다고 할 수 있습니다.

일반적으로 한 사회에서 정치는 국가의 체제나 성격 등 큰 틀을 결정하는 역할을 합니다. 동시에 한 나라의 성격은 그곳에 사는 사람들의 집합적 삶과 실존에 가장 큰 영향을 끼칩니다. 개인과 국가를 분리하여 이해하기 어려운 이유입니다. 그러나 그것은 개인과 국가 각각의 직립을 전제로 합니다. 둘은 그만큼 상보적인 동시에 상충적입니다. 만약 인간과 인간 사이의 실존이나 다양한 생활 단위까지 모두 정치에 의해 좌우되거나, 정치적 생각의 차이로 편리함과 불편함이 갈라진다면 그것은 우리 삶을 불행하게 만들고, 과도하게 정치에 의존하는 정치 과잉 상태를 보여주는 것입니다.

정치 과잉에 더해 현재 한국 정치와 사회를 움직이는 가장 중요한 용어는 '진영'입니다. 진영 대결이라는 정치적 현상이 우리 사회의 거의 모든 영역에 침투하여 한 공동체의 지반과 토대 자체를 거의 전부 장악하고 갈라놓고 갈등케 하고 있습니다. 현재의 진영 갈등은 한국 사회의 거의 모든 갈등을 압축하고 수렴하기 때문에 문제가 특히 심각합니다. 즉, 정치 과잉과 진영 과잉의 이중 과잉입니다.

본래 '진영'이라는 말은 인류 역사 초기에 부족 · 혈연 · 혈족 · 지파(支派) 등을 뜻하는 용어였습니다. 근대로 넘어오면서 진영은 파벌과 파당, 특히 군대나 군사 대결을 뜻하는 용어로 변화했습니다. 이러한 점에서 근대 이전의 부족주의적 성격과 양극적 승패의 의미를 담고 있습니다. 따라서 진영은 기본적으로 현대사회의 근간인 민주공화국 · 공화주의 · 민주주의 · 자유주의와는 매우 거리가 먼 개념입니다.

대화 단절: 한국적 삶과 사회의 중대 기로

'진영'이라는 용어가 부족 사회 단계나 파벌 투쟁, 군사 대결을 나타낸다는 점에서, 이는 인간 공동체의 기본 요소인 교류와 소통, 대화와는 더욱 거리가 먼 언어이자 현상입니다. 대한민국은 민주공화국이며 민주주의를 경험한 지 40년이 되어가고 있음에도, 역설적으로 진영 대결과 진영 사회로 역진하고 있다는 점은 매우 심각한 문제입니다. 민주화와 진영화의 공진을 말합니다.

앞서 말씀드렸듯이 정치적 생각과 진영이 다르면 개인적 식사나 교류, 또는 작은 공동체 모임이나 심지어 종교 공동체에서도 불편함을 느끼는 오늘의 상황은 우리 삶과 공동체가 실존적 갈림길에 들어서 있음을 보여줍니다. 심지어 지지하는 진영이 다르면 결혼까지 주저하는 사회가 되었습니다. 진영이 사랑보다 더 큰 사회가 되고 말았습니다. 실로 인간적 · 사회적 불행이자 비극입니다.

정치는 인간 삶의 일부분이어야 합니다. 우리는 다양한 문화생활을 누려야 하고, 필수적인 노동과 경제생활도 영위해야 하며, 교육을 포함한 삶의 여러 영역에서 발전과 고양을 추구해야 합니다. 여가와 취미 생활도 향유해야 합니다. 또한, 많은 사람과 다층적인 교류도 해야 합니다. 인간 실존의 본질이 그러함에도 불구하고, 현재는 정치 · 정권 · 선거의 과정과 향배에 따라 진영을 기준으로 마음의 편안함과 불편함, 기쁨과 우울, 심지어 심리적 행복감과 불행감이 갈라지고 있습니다.

특정 진영과 자신의 정치적 신념의 일치 여부에 따라 개인 삶의 편리함과 불편함, 이익과 손해, 그리고 만남과 단절이 결정되고 있습니다. 참으로 비극적인 사회적 단면이자 내면적 조건입니다. 정치 본래의 뜻은 말할 필요도 없고, 민주주의나 공화국과도 전연 맞지 않는 현실입니다. 이러한 공동체적 불통과 진영 단절은 우리 모두의 집합적 가치와 문제 해결 방식에도 지나치게 부정적인 영향을 끼치고 있습니다.

즉, 진영 의제가 아닌 사회의 핵심 문제, 이를테면 최악의 자살과 저출산 문제 등은 진영 대결과 선거에서 동원에 유리하지도 않고, 또 표가 되지 않는다는 이유로 정치 공간과 공적 의제에서 심각하게 배제 · 방치 · 실종 · 악화되고 있습니다. 진영 대결로 인한 공적 의제의 방치와 악화로 우리는 최악의 학교 · 인구 · 지방 · 국가의 소멸 위기를 겪고 있으며, 이는 우리 사회가 문화적 · 문명적으로도 중대한 기로에 놓여 있다는 뜻입니다.

대화는 상대 인정과 자기 회복의 동시 산물

'대화'라는 말은 본래 '논리'의 섞임을 의미합니다. 이때 논리는 '입'이라는 말에서 나왔습니다. 입은 사람을 뜻하기 때문에, 대화란 사람과 사람의 섞임, 어우러짐, 공존을 뜻합니다. 과거 부족 사회나 혈족 사회, 추장 사회나 군주 사회, 그리고 현대의 군대처럼 수직적이고 위계적인 사회에서 대화가 부족했던 이유는 인간의 대등성 · 평등성 · 동등성을 인정하지 않았거나, 할 수 없었기 때문입니다. 정치에 관심을 기울이고 때로는 문제 해결을 위해 적극적으로 참여하는 것은 필요합니다. 그러나 정치가 한 사회의 가장 중요한, 또는 최상층의 수직적 결정 요소가 되어버리면, 그 공동체는 결국 대화가 실종되어 마치 위계적 명령 체계로 운영되는 부족 사회나 군대 사회를 닮아갑니다.

오늘날 우리 사회는 다양성과 다원성을 성취했음에도 불구하고, 진영이 고착되어가고 있습니다. 앞서 약간은 과장으로 들릴지도 모르나 한국 사회가 실존적 · 문화적 · 문명적 기로에 놓여 있다고 말씀드린 것도 이 때문입니다. 대화는 상대의 논리를 인정한 전제 위에 가능한 것이기 때문에, 상대의 존재를 인정하지 않으면 불가능한 것입니다. 말을 바꾸면, 논리는 모든 각자가 갖고 있는 것이므로 대화는 상대의 존재에 대한 인정과 존중 위에 가능한 것입니다.

그러나 현재 우리 사회는 대화 없이 독백, 소리 지름, 각자 외침만 존재하고 있습니다. 특정 정치 성향의 유튜브 채널을 반복 구독하거나 특정 알고리즘을 따라가는 것은 발신자와 수신자가 대화를 나누는 것이 아니라, 같은 생각을 가진 진영 안에서 독백을 즐기고 복종하는 것에 불과합니다. 이는 대등한 대화 현상이 아니라 일방적 수용입니다. 일종의 독백주의이지요. SNS나 유튜브, 디지털 매체의 과잉은 오히려 인간의 사유를 더 고립시키고 진영화하며 수직적 위계 상태로 빠지게 하고 있습니다. 결과적으로, 생각이 다르고 논리가 다른 인간 존재에 대한 존중은 점점 약화되고 있습니다.

대화는 다름을 인정하는 데서 출발합니다. 대화라는 말 자체가 '상대를 향해 말문을 연다'는 뜻이듯, 상대의 말과 존재 자체에 대한 존중을 전제로 합니다. '존중'이라는 말은 본래 특정 상대에 대한 높임이 아니라 그 존재 자체를 인정한다는 뜻입니다. 그러나 편향된 디지털 공간이나 유튜브 청취를 통해 편안함을 느끼는 것은 전형적인 진영 현상, 즉 자기 편애요 자기 가둠이지 대화나 소통이 아닙니다. 오히려 대화 단절과 대화 부재의 증거입니다. 디지털 포퓰리즘, 디지털 독재화는 이런 현상의 결과이자 중심입니다. 현대 문명의 이기로 인한 대화주의와 민주주의의 실종은 역설적으로 대화 회복의 중요성을 더 절실히 요청하고 있습니다.

대화의 회복은 다른 무엇보다 우리 사회의 화급한 과제라고 생각합니다. 우리는 대화를 상대에 대한 인정과 존중이라고만 생각하는 경향이 있습니다. 그러나 대화는 철학적인 또 다른 의미를 갖는 개념입니다. 대화에 참여한다는 것은 자신이 피동적 · 수동적 존재가 아니라는 것을 의미합니다. 요컨대 대화는 자아, 자기 주체성에 대한 존중에서 출발합니다. 자기 주체성의 회복 없는 대화는 불가능합니다. 즉, 대화는 자기 인정과 타자 인정의 동시 산물입니다.

자신을 단순히 한 진영의 진민(陣民), 부족민, 명령 조직의 부하, 피동적 유튜브 청취자에 불과하다고 여기는 것은 자기의 존엄과 주체성을 부정하는 것이며, 이는 자아의 상실을 초래합니다. 우리는 특정 정파나 진영의 주장을 선호하고 선택할 수 있습니다. 그러나 그것은 주체로서 직립 이후, 즉 주체적 결정의 연장으로서 이루어져야 합니다.

대화 단절은 고립·사법·폭력: 주체와 대화는 동시 발전

그러나 현재는 거꾸로 되어 있습니다. 오히려 진영에 소속되고, 진영 발화자들의 독백을 적극 수용 · 지지 · 찬동하며, 그에 참여함으로써 자유와 편안함을 느끼는 예종 상태 즉, 예종민(隷從民. serfdom) 지위를 무의식적으로 즐기는 현상이 나타나고 있습니다. 우리는 그러한 자아에 맞서 저항해야 합니다. 그런 점에서 대화는 진영에 매몰되어 실종된 자아의 치유와, 그를 통한 자유인으로의 회복 과정이기도 합니다. 즉, 대화의 복원은 인간 각자, 시민 각자, 국민 각자의 자기 회복, 자기 주체성의 회복과 직결되어 있다고 생각합니다.

철학과 심리학의 깊은 이론들이 잘 밝혀내었듯이 주체성이 뚜렷한 사람이 오히려 타인의 주체성을 인정할 줄 알기에 대화에도 강합니다. 주체성은 완고함이 아니라 반대로 유연함의 토대가 됩니다. 반면, 예종민, 진영의 부족민, 즉 진민이 되는 것은 거꾸로 자기 주체성을 상실한 결과입니다. 자기 자신이 단순 추종자이기 때문에 타인도 자신과 똑같이 단순 추종자일 것이라고 전제하고, 이로 인해 대화가 단절되는 것입니다. 예종이 외려 적대감으로 연결되는 것이지요.

따라서 대화는 상대방의 주체성, 존재, 실존에 대한 인정뿐만 아니라 자기 자신과의 대화를 통해 자기 주체성을 회복하는 과정과 병행되어야 합니다. 인류 최고의 철학자들과 문학가들, 정치가들은 인간이 행하는 최고의 가치 있는 대화 중 하나를 '자기와의 대화'라고 부릅니다. 그런 제목과 내용의 책을 쓴 철인과 정치인도 존재합니다. 따라서 저는 대화는 단순히 상대나 사회와의 관계 복원만이 아니라, 자기 자신과의 대화를 통해 자기 주체성을 바로 세우는 이중의 과정이어야 한다고 생각합니다.

대화와 소통이 단절될 때 인간들의 행동은 몇 가지 유형으로 나뉘는 것 같습니다.

첫째, 고립과 은둔 상태입니다. 인간 및 사회와 거리를 두게 됩니다. 이미 일부 청년들에게 이런 현상이 나타나고 있습니다.

둘째, 체념과 초월 상태입니다. 대화를 통해 손잡을 대상이 없으니 무기력과 자포자기에 빠집니다. 청년들이 고립과 체념 상태에서 자기와 공동체의 미래에 대한 희망을 찾지 못하고 있다는 사실은 기성세대에게 통렬한 회개를 요구합니다.

또 하나는 법에 의존하는 현상입니다. 대화란 상대의 논리와 나의 논리, 상대와 나의 존재 사이에 공통분모를 찾는 과정입니다. 그러나 대화가 단절될 경우, 흑백논리와 옳고 그름을 가리는 문제는 결국 다른 수단에 의존하게 되며, 이는 공동체나 개인 차원에서 법적 호소로 나타납니다. 대화의 실패를 뜻하는 "법대로 하자!"는 사회는 결코 좋은 사회가 아닙니다. 한국 사회에서 공사 간에 법적 소송이 폭증한 원인은 대화 단절이 중요한 이유입니다.

끝으로는 물리적 폭력입니다. 이것은 최악의 단계이지요. 거기에는 언어적 폭력은 물론 신체적이고 무력적인 폭력도 포함됩니다. 최악의 폭력인 전쟁조차 대화, 즉 외교의 단절 때문이라는 연구는 너무나 많습니다.

대화 단절은 이렇듯 많은 무서운 결과를 낳습니다. 심할 경우 그것은 개인의 죽음이나 집단의 종멸을 부르기까지 합니다. 대화가 관계를 살려낼 뿐만 아니라 그를 통해 인간을 살려내고, 공동체를 살려내는 최선의 길인 이유입니다. 게다가 그것은 무슨 큰 비용이나 대가를 요구하지도 않습니다.

민주주의에서 법투(法鬪:lawfare)사회로, 반주주의(半主主義)로

정치 영역에서 서로 다른 생각을 가진 집단 간에 대화를 통해 문제를 해결하라는 본령을 가진 존재가 정당과 의회입니다. 그러나 중요한 문제들을 갈수록 소송을 통해 법원과 헌법재판소에 제기하는 주체도 또한 정당과 의회입니다. 자신들의 본령인 대화를 스스로 내려놓는 것이지요. 이는 심각한 자기모순입니다.

'쪽·당party'은 당파라는 뜻과 함께 '주체'라는 뜻도 갖습니다. 주체가 먼저 존재하고, 그 주체들이 뜻을 모아 당파를 형성하는 것입니다. 즉, 정당은 생각이 같은 사람들이 주체로 모여 형성하고, 서로 다른 주체인 정당 간에 경쟁을 통해 권력을 추구하는 조직입니다. 그들 간의 경쟁의 일차적인 장소가 곧 의회입니다.

그런데 의회parliament는 '대화'를 뜻하는 '말하다parler'에서 유래했습니다. 그러나 현재 한국 의회는 대화를 단절할 뿐만 아니라 진행되고 있는 대화의 형식과 내용, 절차와 방법도 도대체가 수준 이하입니다. 대화와는 반대인 흑백논리, 양자택일, 상대 부정으로 일관합니다. 의회 안에서부터 '대화주의=의회주의'를 파괴하면서도 의회 민주주의의 본산으로 자임하고 있으니, 이런 모순도 없습니다.

물론 그나마도 합의된 법률적 절차를 통해 문제를 해결하려고 한다면 최악은 아니니 다행입니다. 그러나 '법' 자체를 흔들고 최소한의 '법치' 기준마저 무너뜨리면서도, 대화 대신 법을 통해 문제를 해결하려 할 경우 공동체는 이른바 '법투' 사회가 되고 맙니다. 법이 투쟁의 가장 중요한 수단이자 목표가 되어, 모든 문제를 법적 수단을 통해 투쟁하고 해결하려는 사회를 말합니다. 정치적 격변과 권력 교체를 법적 수단을 통해 통과하게 되고, 권력 장악과 상실이 합법과 불법의 기준이 되면 법투는 일상화합니다. 지금의 우리 사회에서 보듯이 그때는 의회도 점점 법원 · 검찰과 같아집니다.

법투 사회는 모든 인간관계와 국가 문제를 합법과 불법, 흑과 백, 옳고 그름, 정의와 불의, 검사와 변호사라는 이분법으로만 다루게 되어 끝내 대화가 단절되는 상태가 되고 맙니다. 그리하여 우리 사회는 이미 법이 공적 영역을 넘어 사적 지배와 사적 보복의 통로가 된 지 오래입니다. 그럴 때는 법이 사적 권력관계의 수단이 되어 공적 법체계와 법질서는 무너지게 됩니다. 이른바 '법적 무질서' 상태를 말합니다. '법'은 '질서'

의 다른 말인데, 법이 사회를 무질서하게 만드는 단계가 '법적 무질서'입니다.

법투 사회는 개인 관계도 마찬가지입니다. 가족 관계, 재산 문제, 이혼 문제도 소송으로 가는 게 다반사입니다. 그러나 법의 본질상 판결 이후에는 대화가 더더욱 단절됩니다. 법적 판결에 소극적으로 승복할 뿐 패자 누구도 판결의 정당성을 인정하지 않기 때문입니다. 공동체의 경우도 마찬가지입니다. 아직까지는 그나마 입법 · 사법 · 행정의 틀 안에서 법적 판정에 승복하고 있으나, 이 최소한의 균형점도 점점 위태로워지고 있습니다.

한국 사회는 공사 간에 민주화 이후 '소송 사회'로 변모되었고, 최근에는 시위의 폭증과 함께 '시위 사회'도 병존하고 있습니다. 대화로도, 투표로도, 법원 판결로도 해결할 수 없게 되면서, 각 진영은 더 많은 사람을 거리로 끌어내어 인간 신체의 수로 상대를 압도하려 합니다. 광화문, 서초동, 시청, 용산……에서 끊임없이 벌어지는 대규모 시위가 그 증거입니다. 신체 자체가 무기가 되었고, 더 많이 참여하고 동원해야 상대를 제압할 수 있다는 인식이 확산되었습니다. 입 대신 몸, 대화 대신 동원이 주무기가 된 것입니다.

이제 시위는 한국 사회의 일상생활이자 일반 현상이 되었습니다. 의회 민주주의는 본래 대화 민주주의이며, 앞서 말씀드렸듯 의회 자체가 대화를 의미하는 공간입니다. 그러나 대화가 실패하자 우리는 의회에 의한 민주주의가 아니라 법원과 검찰에 의한 민주주의, 시위에 의한 민주주의로 전락하고 있습니다. 투표로도, 시위로도, 판결로도 자기 진영의 의사를 관철시키지 못하게 되자, 이제는 서로 법정과 법원을 공격하는 단계까지 다다랐습니다.

물론 공격의 기준은 합법-불법이 아니라 자기 진영에게 유리하냐 불리하냐 입니다. 이는 준(準)폭력 사회의 징후입니다. 다음 단계는 명확합니다. 바로 신체적 내전, 물리적 충돌입니다. 한국 사회는 인류 일반 궤도에서 벗어나 있지 않으며, 어느 사회나 이 다음 단계는 폭력 사회로 이어지기에 매우 우려스럽습니다.

더욱이 강화되는 디지털 환경과 디지털 현상은 양자택일적 사고를 강화합니다. 디지털은 쌍방향 소통도 존재하지만 그것보다는 일방적 흐름을 통해 흑과 백, 찬성과 반대를 강화시키는 구조입니다. 한국은 최첨단 디지털 사회이자 최고 시위 상태와 진영 대결을 동시에 경험하고 있습니다. 이러한 가운데 의회는 대화의 주체 역할과 책임을 포기하고 있으며, 법원의 양자택일에 문제를 넘기고, 시민을 더 많이 동원하는 방향으로 나아가고 있습니다. 지금까지는 한국 사회가 위기를 간신히 넘겨왔지만, 매우 위험한 상태입니다.

특정 진영, 특정 논리, 특정 알고리즘, 특정 유튜브 공간 안에 갇히고 머무는, 이러한 진영 대결 구도에서 벗어나, 자기 주체성을 회복하고 다른 주체들과 대화할 때에 내면적 증오와 외면적 폭력 성향은 완화될 수 있습니다. 그러나 지금 우리는 이미 상당 수준의 준(準)폭력 상태의 지경에 이르렀습니다. 우리는 종종 '저쪽' 유튜브에 빠진 사람들, '저쪽' 논리에 동원되는 사람들, '저쪽' 광장에 모이는 사람들만을 문제 삼습니다. 그러나 앞서 말씀드렸듯이, '당'이라는 개념은 당파를 넘어 주체를 의미합니다. 상대방만 불쌍하다고 여기며 "저들은 가짜 뉴스의 희생자야" 또는 "유튜브 알고리즘에 갇혔기 때문이야"라고 말하는 동안, 정작 '이쪽', '우리 쪽', '내 쪽'도 이미 유사 폭력 구조에 빠져 있음을 깨닫지 못합니다.

오늘날의 법투 사회, 흑백논리, 진영 대결, 정치적 부족주의의 현실은 '평행 사회' 또는 '반주주의(半主主義)'나 절반의 민주주의라고 부를 수 있을 정도입니다. 민주주의democracy란 본래 마을 주민dēmos 전체의 통치를 의미했지만, 오늘날에는 각 진영의 절반에 근거한, 절반을 위한 통치, 즉 반쪽 민주주의demicracy로 변질되고 있습니다. 내가 지지하는 지도자가 집권하면 '좋은 나라'가 되고, 반대하는 지도자가 집권하면 '나쁜 나라'가 된다는 이분법적 사고는 정치적 선호의 차이를 선악으로 치환하는 것입니다.

민주공화국은 곧 대화공화국이다: 3대 필수 요소인 권력분립, 평등, 교육

우리는 서로 다른 생각을 가진 사람들과 대화하지 않고 평행 상태로 머무는 것이 준폭력 상태임을 인식하지 못합니다. 이 평행 상태는 심리적 내전 상태이며, 상황이 악화되면 물리적 충돌로 쉽게 이어질 수 있습니다. 인류사를 돌아보면, 종족 전쟁, 종파 전쟁, 진영 전쟁, 이념 전쟁에서는 인간들은 "나는 인간을 죽였다", "나는 사람을 죽였다"고 말하지 않았습니다. 대신, "나는 어떤 지파를 죽였다", "나는 파시스트를 죽였다", "나는 공산주의자를 죽였다", "나는 부르주아를 죽였다", "나는 반동을 죽였다", "나는 이단을 척결했다"고 말했습니다.

이런 문제를 예리하게 포착하고 정확하게 표현한 큰 세계문학도 존재합니다. 생명과 인간성을 이념과 진영 아래에 두는, 이러한 가공할 인식과 행태는 오늘날에도 반복되고 있습니다. 그러한 인식이 실현될 수 있는 실제 조건이 도래한다면 인간은 특별한 경우가 아니면 언제든지 폭력을 행사하게 됩니다. 그렇기에 대화의 가장 중요한 주체인 정치 영역의 정당과 의회, 그리고 대통령이 먼저 대화를 복원해야 합니다.

그러나 현실은 어떻습니까? 정당과 정치 지도자들은 대화를 포기한 채 늘상 다투고, 또 법원과 거리로 달려갑니다. 그들은 국민에게는 "통합하라!"고 요구하고, 학교에서는 청소년들에게 "대화로 해결하라!"고 가르칩니다. 하지만 정작 국가를 이끄는 그들이 대화하지 않는 상황에서 학교 교실에서는 얼마나 효과가 있겠습니까? 의회가 대화를 포기한 상태에서, 초·중·고·대학생들에게는 대화를 교육하고 요구하는 것은 어불성설입니다.

우리 사회를 책임지는 정치의 주체들은 이미 국가 공동체에 대화 단절을 강요하는 주체가 되어버렸습니다. 대화를 실천하고 촉진하는 주체가 전혀 아닙니다. 그들이 국가 운영 방식을 바꾸지 않는다면, 그 폭력적 행태가 우리 사회의 모든 영역으로 침투하고 일반화할 것이라고 저는 생각합니다. 정치학자로서 이 문제는 제가 오래 고민해온 것이며, 능력은 부족하지만 절실하게 매달려온 문제이기도 합니다. 너무도 두렵기 때문입니다.

권력분립

첫째로, 저는 권력 구조와 국가 체제, 그리고 헌정 질서를 바꾸는 것이 가장 시급하다고 봅니다. 대화가 부재한 사회와 대화가 활발한 사회를 비교해보면, 그 차이는 분명합니다. 그것은 곧 국가 자원과 가치를 분배하는 권력 구조, 즉 중앙 권력이 독식되어 있느냐, 아니면 분산되어 있느냐에 달려 있습니다. 한국처럼 '1인, 1당, 1진영'이 권력을 독식하는 사회에서는, 권력을 장악한 쪽이 국가 자원 전체를 통제하게 됩니다. 이로 인해 사회는 맨 꼭대기만 바라보고, 정치 주체들은 서로 오직 최고 권력 하나의 장악에 집중하게 되어 대화와 타협이 극도로 어렵습니다.

인류가 과거에 절대군주제를 폐지하려 노력했던 것도, 군주의 대권이 모든 자원을 독점하고, 군주의 의견이 곧 국가의 의견이었기 때문입니다. 군주와 다른 이야기를 하면 처벌받았고 심할 경우 목숨을 잃었습니다. 오늘날 한국의 헌정 체제는 권력투쟁의 승리가 즉각 권력의 '독식', '독임', '독점'으로 연결되는 사회입니다. 권력의 독점은 결국 의사 결정의 독점으로 이어지며, 다른 세력을 의사 결정에 참여시키는 것은 곧 권력 분립을 의미하기 때문에 권력을 독점한 쪽은 한사코 '의사 결정=국정 대화'에의 참여를 차단하게 됩니다. 이것이 한국 정치에서 대화가 단절되는 근본적인 순환 고리입니다.

방금 저는 한국 사회는 승자 독식 구조로서, 그래서 최고 상층 권력투쟁에만 몰두한다고 말씀드렸습니다. 그러니 아래를, 가난하고 헐벗은 민중을 돌아볼 생각과 시간이 부족하고 주로 위만 바라보게 합니다. 아래, 민중의 대표는 고사하고, 정당조차 넘어 사설 대선 캠프가 곧 국가 운영의 공적 주체가 되어버립니다. 선거를 위한 임시 조직이 국가 공조직을 장악하는 것입니다. 대통령실과 내각과 전체 관료 사회에 수직적 체계를 구축합니다. 권력 교체가 곧 진영 교체를 의미하는 까닭입니다.

이 위험한 독식 구조를 극복하고 민주공화국의 본령에 맞게 대화주의, 대화민주주의로 나아가려면 가장 중요한 과제는 '의사 결정 과정 참여=대화 참여'가 가능하도록 권력을 나누는 것입니다. 민주공화국은 곧 대화공화국인 것입니다. 권력을 나누지 않으면 국가 운영을 함께 담당하는 분립과 대화 체제는 만들어지지 않습니다. 권력 분립이야말로 '민주공화국=대화공화국'의 출발이자 해법입니다. 대통령 1인에 의한 권력 독점과 대권 체제는 폐지되어야 하며, 국가 헌정 체제는 근본적으로 수술되어야 합니다.

하지만 이것이 결코 쉽지 않습니다. 왜냐하면 진영 독식은 너무나 달콤하기 때문입니다. 승자 독식 구조에서는 서로 돌아가며 국가를 독점할 수 있기 때문입니다. 그러나 우리는 '자기 진영'의 지도자와 정당이 집권했다고 해서 국가가 좋아질 것이라는 환상을 버려야 합니다. 그것은 진민일 뿐입니다. 부족민 · 진민에서 시민으로 거듭나지 않는 한, 전체 개인과 공동체는 결코 함께 좋아질 수 없습니다.

평등

둘째로, 평등입니다. 우리는 위계질서 속에서 대화가 얼마나 어려운지를 잘 알고 있습니다. 관료 사회, 기업, 군대, 학교, 심지어 가족 내에서도 마찬가지입니다. 그런 점에서 진영구도와 평행사회와 위계 구조는 진정한 의미의 민주 사회나 공화사회라고 하기 어렵습니다. 왜냐하면 인간으로서 서로 평등하지 않기 때문입니다. 인간은 세상에 동등하게 태어났습니다. 하지만 지금 우리는 계층, 빈부, 세대, 젠더, 수도권-지방, 정규직-비정규직을 비롯해 수많은 차별을 내재화하고 있습니다.

높은 자와 낮은 자, 나이 든 사람과 나이가 적은 사람, 가진 자와 못 가진 자, 부자와 가난한 사람, 남성과 여성, 수도권과 지방 사이에는 차이를 넘어 차별이 많습니다. 따라서 두 번째로 중요한 과제는 '인간은 평등하다'는 원칙, 곧 자유롭고 독립적인 존재로서 모두가 동등하기에 모두가 평등하다는 원리를 회복하는 일입니다. 이 원리가 회복되어야 참된 대화의 장이 마련될 수 있습니다.

한국 사회는 정말 불평등합니다. 우리는 흔히 불평등을 물질적 격차로만 이해하지만, 현실 삶은 그 훨씬 이상입니다. 삶의 안정성 면에서도 정규직과 비정규직 사이의 격차가 큽니다. 한국과 세계의 여러 지표에 따르면 불평등은 여가도 교육도 건강도 마음 상태도 생애 길이도 불평등하게 만듭니다. 저는 대화문화아카데미를 포함해 우리 사회에 여러 차례 이러한 아픈 실태를 구체적으로 발표해왔습니다. 인간의 본래적 평등성의 회복이, 한국 사회가 대화의 복원을 통해 대화 사회로 나아가기 위한 또 하나의 필수적인 과제라고 생각합니다.

교육

세 번째 과제는 교육입니다. 말할 필요도 없이 학교에서 대화의 중요성과 방법을 가르쳐야 합니다. 그러나 나라와 사회, 정치와 의회가 반대화적인데 학교와 학생들에게 대화를 교육하고 요구하는 것은 자기모순이자 이율배반입니다. 정치가 먼저 대화를 교육받아야 하는 이유입니다. 거듭 말씀드려 의회민주주의는 본질적으로 '대화 민주주의'입니다. 의회라는 제도는 주체와 주체, 파당과 파당 사이에 대화를 통해 문제를 해결함으로써 내전과 투쟁과 폭력을 방지하기 위해 만들어졌습니다. 그래서 '의회주의Parliamentarism'는 곧 대화주의입니다.

그렇다고 하더라도 우리는 학교에서 대화교육을 결코 포기해서는 안 됩니다. 교육은 미래의 정치이기 때문입니다. 학교에서 대화의 중요성과 방법을 가르치고, 사회를 통해 이를 확산 · 공유하며, 정치에서는 국가 운영 주체들이 대화를 통해 문제를 해결하는 실제 모범을 보여야 합니다. 특히 갈등 해결을 본령으로 삼는 정치는 반드시 대화주의를 실천하지 않으면 안 됩니다. 이때 정치는 정부 · 의회 · 정당 · 언론 영역을 포함합니다.

그렇게 될 때 사회와 학교도 대화를 통해 문제를 해결하는 태도와 방식을 내면화합니다. 정치가 곧 교육이고, 교육이 곧 정치인 이유입니다. 정치와 사회와 학교, 이 세 부문이 교육을 통해 "대화가 현실적으로도 문제 해결에 가장 유용하며, 가치면에서도 더욱 고결하고, 교육적으로도 가장 효과적이다"는 사실을 끊임없이 공유했으면 합니다.

대화는 개인 삶과 사회의 수많은 문제를 넘기 위한 가장 기초적 기본적인 요소입니다. 저는 우리가 인간과 사회의 더 높고 어려운 경지인 사랑, 관용, 용서, 화해로 나아가기 위해서라도 대화에서 출발하지 않으면 안 된다고 믿습니다. 대화가 시작입니다. 한국 사회를 다시 살려내는 필수 출발점입니다.

지난 60년 동안 대화문화아카데미(크리스찬아카데미)는 대화가 결코 쉽지 않은 한국 사회의 풍토에서 대화·대화주의·대화 민주주의의 한 모범을 제시해왔습니다. 오늘의 이 대화 단절의 시대에 대화문화아카데미가 한국 사회의 근본 바탕과 토대를 다시 일으켜 세우고 튼튼히 정초하는 기초적이며 선도적인 역할을 한 번 더 해주시기를 기대합니다.

사이.너머 총서 7

사회적 대화의 실제, 타궁 Tagung

초판 1쇄 발행 2025년 12월 1일

지은이 강원용 · 에버하르트 뮐러 · 베르너 짐펜도르퍼 · 박승관 · 김홍우 · 박명림
펴낸이 박재윤
펴낸곳 (재)여해와함께 대화출판사

출판등록 1976년 6월 24일 (제2-347호)
주소 서울 종로구 평창6길 35 (03003)
전화 02.395.0781
팩스 02.395.1093

홈페이지 www.daemuna.or.kr
페이스북 www.facebook.com/daemuna.yh
전자우편 tagung@daemuna.or.kr

ISBN 978-89-85155-83-0 04200
ISBN 978-89-85155-38-0 (세트)
값 15,000원